STEFAN RHEIN
in Zusammenarbeit mit
DIETER HAAS
EUGEN ENGELSBERGER
WERNER OTTO
FRIEDERIKE BACHMEIER-SCHNITZLER

PHILIPP MELANCHTHON

BIOGRAPHIEN ZUR REFORMATION

DREI KASTANIEN VERLAG

Zum Titelbild

Philipp Melanchthon
Lucas Cranach d. Ä. (Werkstatt), 1540
Öl auf Holz, 20,3 x 14,5 cm
Lutherhalle Wittenberg

ISBN 3-9804492-5-4

2. Auflage 1998

Bildauswahl und Bildtexte: Lutherhalle Wittenberg
Bildreproduktionen nach Originalen
in der Lutherhalle Wittenberg: Wilfried Kirsch
Herstellung: Elbe-Druckerei Wittenberg GmbH
Printed in Germany

Vorbemerkung

Diese Einführung zu Leben und Werk Melanchthons hat eine eigene Geschichte: Wir, die Autoren – eine Lehrerin, ein Schuldekan, ein Theologieprofessor, ein Religionspädagoge und ein Museumsleiter –, trafen uns erstmals vor einigen Jahren, um ein Kinderbuch zu Melanchthon zu erarbeiten. Da nichts so schwer ist wie komplexe Vorgänge einfach und klar darzustellen, haben wir parallel zu dem Kinderbuch unsere Zugänge im Schreiben geklärt und die Themen ausführlicher dargestellt. Daß jetzt ein weiteres Ergebnis unserer gemeinsamen Arbeit, die vor allem im Melanchthonhaus Bretten stattfand, in der Lutherstadt Wittenberg veröffentlicht wird, freut uns besonders. Wenn aus dem vorliegenden Text die Leser das Echo unserer angeregten, intensiven, durch viel Lachen – nein, nicht unterbrochenen, sondern – bereicherten Gespräche wahrnehmen, dann haben wir unser Ziel erreicht: mit verständlichen Worten – und Melanchthon war ein Freund klarer, verständlicher Rede – von Philipp Melanchthon zu erzählen, dem bedeutenden Reformator an der Seite Luthers, dem „Lehrer Deutschlands" und dem großen Universalgelehrten.

Inhalt

Einführung 7

Kindheit in Bretten 10

Schulzeit und Studium 12

Professor in Wittenberg 18

Philipp Melanchthon und Martin Luther 23

Die Bibel für alle 26

Bei Melanchthon zu Hause 31

Der Theologe Melanchthon 34

Augsburger Reichstag 38

Der Lehrer Deutschlands 43

Unterwegs für die Reformation 48

Abschied 50

Melanchthon – noch aktuell? 53

Lebensdaten 56

Literaturhinweise 58

Einführung

Um 1500 zeigt die Karte in der Mitte Europas ein Gewirr von unzähligen Ländern und Ländchen. Sie alle gehören zum Heiligen Römischen Reich Deutscher Nation. Von der einstigen Größe und Macht dieses Reiches ist allerdings kaum etwas übrig geblieben. Die Grenzen im Westen, Süden und Osten sind unklar und unsicher. Jenseits des Rheins kämpft Frankreich um die burgundischen Lande, die Schweizer haben die habsburgische Herrschaft abgeschüttelt und in Italien herrschen bürgerkriegsähnliche Verhältnisse. Die größte Gefahr geht von dem ständig wachsenden türkischen Imperium aus. Auch im Innern des Reiches steht es nicht zum Besten. Hier versuchen die großen und kleinen Landesherrn die eigene Macht zu vergrößern und die des Kaisers zurückzudrängen. Sie bilden die „Reichsstände", und dazu gehören weltliche und geistliche Fürsten, Grafen und Ritter mit ihren Gebieten, vor allem auch die immer größer und selbstbewußter werdenden Städte. Zwischen den Kleinstaaten gibt es immer wieder Fehden und Rechtshändel um Gebiete und Privilegien, aber auch Bündnisse und Verträge zwischen wechselnden Partnern. Alle Bemühungen um eine Reichsreform scheitern am Egoismus der Reichsstände.
Die wirtschaftlichen und sozialen Verhältnisse in Stadt und Land klaffen auseinander. Handel und Gewerbe lassen die Städte wachsen und wohlhabend werden. Hier ist Geld zu finden. Mit ihm treibt man Machtpolitik, aber errichtet auch Bauwerke, fördert die Kunst und sorgt für die Armen. Reich gewordene Handelsleute und Handwerker ringen mit den alten Patrizierfamilien um die Vorherrschaft. Innerhalb der Stadtmauern wird die ständische Ordnung fließend, die auf dem flachen Land das Leben bestimmt. Vor allem aber sorgen Bildungsmöglichkeiten dafür, daß der Städter die Standesgrenzen überwinden kann.
Nun leben aber nur ca. 10% der Bevölkerung in der Stadt, die große Mehrheit in den Dörfern, Burgen und Weilern. Hier ist von der Aufbruchsstimmung der Städte nichts zu spüren. Der Adel ist weitgehend beschäftigungslos. Handwerk und Handel sind keine ritterlichen Tätigkeiten, Kriege werden nicht mehr von Rittern, sondern von Söldnern geführt. Mit der Erfindung der Feuerwaffen ändert sich die Kriegskunst. Zudem verwehrt sehr oft den Landadeligen

Die Reichsstände, Wilhelm Pleydenwurff und Michael Wolgemuth, Holzschnitt 1493. Das Bild stammt aus der Weltchronik des Hartmann Schedel und verdeutlicht die komplizierten Beziehungen der Träger der politischen Macht im Reich untereinander.

ihre Bildungsunwilligkeit andere Aufstiegsmöglichkeiten. So sind sie unzufrieden. Die Bauern leben durch hohe Abgaben, Kriege und Mißernten belastet erbärmlich, teilweise am Rande des Existenzminimums. Besonders schlecht sind ihre Lebensumstände in Gebieten, in denen die Leibeigenschaft oder ähnliche Rechtsverhältnisse herrschen. Die politischen, wirtschaftlichen und sozialen Verhältnisse bilden ideale Voraussetzungen für geistige Bewegungen und Strömungen, die möglicherweise Änderungen der bisherigen Lebensumstände signalisieren. Im 15. Jahrhundert erlebt die italienische Renaissance ihre Blüte. Mit der Renaissance entsteht ein neues Lebensgefühl, das auch durch Krankheiten und Seuchen nicht ausgelöscht wird. Begeisterung für die Schönheit der antiken Formen, Sammlung und Studium antiker Kultur und Schriften kennzeichnen dieses neue Zeitalter. Die Wiederentdeckung des Altertums führt zu einer anderen Sicht des Menschen. Der Geist der Lebens- und Weltbejahung prägt die Kunst, schafft neue Ansätze der Wissenschaft und treibt zur Erforschung von Land und Meer. Erfindungen wie Taschenuhr, Kompaß und Feuerwaffen, Entdeckungsfahrten um Afrika, nach Indien und nach Amerika verändern die Welt. Am stärksten wirkt sich wohl die Erfindung des Buchdrucks aus. Nachrichten und Ideen verbreiten sich von nun an schnell und wirken weit. Aus der neuen Sicht der Welt heraus wird im geistigen Leben versucht, die Spannung zwischen wiederentdeckter Antike und christlicher Tradition aufzulösen. Auf diesem Boden entwickelt sich der christliche Humanismus, der besonders in Deutschland zu finden ist. In ihm wird das persönliche Verhältnis zu Gott wichtig. Damit verbunden wird die Frage nach einer christlichen Lebensführung. Der wohl bekannteste Humanist in Deutschland ist Erasmus von Rotterdam, der später Melanchthon stark beeinflußt. Er unterscheidet kritisch zwischen der Urkirche und der Kirche seiner Zeit. In Jesus Christus findet er alles Wahre und Gute vollendet, was vorher Sokrates, Plato, Aristoteles und die Stoa gelehrt haben. Deswegen soll der Mensch aufrichtig und tugendhaft leben und sich vom Geist der Liebe leiten lassen.

Renaissance und Humanismus treffen auf eine Kirche voller Widersprüche. Noch greift sie ein in alle Bereiche des Lebens. Sie begleitet den Menschen von der Wiege bis zur Bahre, regelt und lenkt weitgehend seinen Tageslauf, ist zuständig für Wissenschaft und Kultur und verfügt über große politische und materielle Macht. Ablaßpredigten, Prozessionen, Wallfahrten, Heiligen- und Reliquienverehrung und prachtvolle Bauten sind Ausdruck der starken religiösen Bedürfnisse dieser Zeit. Der tiefen Volksfrömmigkeit entspricht aber nicht das Erscheinungsbild des Klerus. Papst und Bischöfe kümmern sich mehr um Macht und Pfründen als um das Seelenheil der Gläubigen; Bildung und moralische Qualität der Priesterschaft lassen sehr zu wünschen übrig. Um 1500 erscheint die Kirche

Erasmus von Rotterdam, Monogrammist LL, Öl auf Holz. Erasmus (1466/69-1536) blieb auch nach dem Streit mit Martin Luther für Melanchthon Autorität in Fragen der gelehrten Bildung.

stark reformbedürftig. Die Kritik an ihr wird immer umfassender und lauter. In diese Zeit wird Philipp Melanchthon hineingeboren.

Kindheit in Bretten

Bretten im südlichen Kraichgau gelegen, ca. 20 Kilometer nördlich von Pforzheim: das war zur Zeit Philipp Melanchthons, also um 1500, ein regional bedeutendes Zentrum für Handwerk und Handel, heute in Baden-Württemberg, damals in der Kurpfalz. Hier gab es große Mühlen, Textilgewerbe (also Tuchmacher, Weber und Schneider), zahlreiche Bäcker und Metzger, Färber, Gerber, Kupferschmiede, Schuhmacher und Wagner. Vier große Jahrmärkte und regelmäßige Wochenmärkte zogen aus dem nahen und weiteren Umland Händler und Kaufleute an – zumal Bretten an den großen Handelsstraßen lag, die von Augsburg nach Frankfurt, von Basel nach Norden führten.

Melanchthons Großvater, Hans Reuter, war Kaufmann; er handelte vor allem mit Tuch und Wein. Die Familie Reuter gehörte zur wohlhabenden und politisch einflußreichen Brettener Führungsschicht. So amtierte etwa Hans Reuter auch als Bürgermeister. Seine Tochter Barbara heiratete 16jährig den aus Heidelberg gebürtigen Georg Schwartzerdt, der bei der Eheschließung (ca. 1492/93) mindestens doppelt so alt war. Über seine Eltern erfahren wir aus Melanchthons späteren Schriften nur recht wenig: Seine Mutter schildert er als fromm, aus ihrem Mund bleibt ihm folgende Lebensweisheit in Erinnerung: „Wer mehr will verzehren, Denn sein Pflug kann ernähren, Der wird zuletzt verderben, Und vielleicht am Galgen sterben.“ Melanchthons Vater war ein am Heidelberger Hof sehr angesehener Waffenschmied und Rüstmeister (Vorsteher der fürstlichen Waffenkammer) im Dienste des Kurfürsten Philipp des Aufrichtigen von der Pfalz. Auch er war ein gläubiger Mensch. Sein Glaube war ihm eine Hilfe, als ihm ein trauriges Schicksal widerfuhr: Bei einem Feldzug – im bayerischen Erbfolgekrieg 1504 – trank er aus einem von den Feinden vergifteten Brunnen und wurde dadurch schwer krank. Regelmäßig betete er und stand sogar nachts zum Gebet auf – wie sich der Sohn lange

Jahre später noch an eine offensichtlich auch bedrückende Kindheit erinnert.
Philipp wurde am 16. Februar 1497 geboren. Er war der Älteste und hatte noch vier Geschwister, drei Schwestern (Anna, Margarethe und Barbara) und einen Bruder. Mit seinem Bruder Georg, der fast 4 Jahre jünger war, hielt er sein Leben hindurch Kontakt. Georg wurde später wie der Großvater ein angesehener Kaufmann und Brettener Bürgermeister; mit Philipp teilte er die literarische Begabung, da er ebenfalls zahlreiche, allerdings nur handschriftlich erhaltene Werke schrieb. In seiner „Reimchronik", die die Geschichte Brettens der Jahre 1536–1561 umfaßt, formulierte er nach dem Tod seines Bruders einen kurzen Nachruf:

„Der weitberühmt und hochgelehrt Philipp Melanthon,
zu teutsch Schwartzerdt, mein lieber bruder, dem Gott gnadt,
sein letsten tag geendet hat zu Wittenberg in Saxenlandt.
Sein nam war aller welt bekant, Brettheim sein vaterland ist
gewesen, da hat er gelernt schreiben und lesen, hat gelebt
drey und sechzig jahr biß er, wie vorsteet, tots verfahr im
monat Aprilis den 19. tag, des war bei den gelehrten grose
klag. Billich solt ich meer von ihm schreiben, so wil ichs
dabei lassen bleiben, weil er mein leiblicher bruder war,
Gott für in an der engel schar."

„Brettheim", so Georg Schwartzerdt, ist der alte Namen Brettens. Im damaligen Brettheim gab es eine Lateinschule, doch besuchte sie Philipp nur kurze Zeit. Prägend war der Unterricht bei seinem Hauslehrer Johannes Unger, der ihn drei Jahre lang vor allem die lateinische Sprache lehrte, ein strenger Unterricht mit den damals gebräuchlichen Methoden: Auswendiglernen und Schläge bei Fehlern.

Melanchthonhaus in Bretten.
Der neogotische Bau dient heute als eine Kombination aus Gedenkstätte, Museum und Archiv.

Melanchthons Familie lebte im Haus des Großvaters; es lag direkt am Marktplatz mitten in der Stadt, dort wo die Märkte abgehalten wurden und die Handelsstraßen sich kreuzten. Wie fast das gesamte Bretten ist es im Pfälzischen Erbfolgekrieg von französischen Truppen 1689 zerstört worden. An der gleichen Stelle steht heute das Melanchthonhaus, dessen Grundstein zum 400. Geburtstag Melanchthons 1897 gelegt und das 1903 eingeweiht wurde, ein Museum mit einer bedeutenden Bibliothek mit ca. 10.000 Büchern von und über Melanchthon und seine Zeit.

Schulzeit und Studium

Das Jahr 1508 brachte dem damals 11jährigen Philipp zwei Schicksalsschläge: Am 27. Oktober starb nach 4 Jahren Siechtum sein Vater – er wurde ungefähr 49 Jahre alt. 10 Tage zuvor war der Großvater Reuter gestorben. Die beiden Brüder Philipp und Georg kamen bei Verwandten in Pforzheim unter, bei ihrer Großtante Elisabeth Reuchlin. Sie war eine Schwester des berühmten Humanisten Johannes Reuchlin.
Reuchlin (geb. 29. 1. 1455 in Pforzheim, gest. 30. 6. 1522 in Stuttgart), der Großonkel Philipps, war zu jener Zeit Jurist am herzoglichen Hof in Stuttgart und oberster Richter des Schwäbischen Bundes. Er gehörte zu den ersten Gelehrten in Deutschland, die sich umfassende Kenntnisse in der (alt)griechischen Sprache aneignen konnten. Er führte das Griechischstudium in Deutschland ein und machte es hier heimisch. Melanchthon erzählte später in einer Gedenkrede auf seinen berühmten Großonkel eine Geschichte, die von den ausgezeichneten Griechisch-Kenntnissen des Pforzheimer Humanisten einen Eindruck vermittelt: Reuchlin kam nach Rom, besuchte dort die Griechischvorlesung des berühmten Exilgriechen und Professors Argyropulos und wurde zum lauten Vorlesen und Übersetzen einer Thukydides-Stelle aufgefordert; als er dies mit Bravour vollbrachte, soll Argyropulos voller Bewunderung ausgerufen haben: „Griechenland ist über die Alpen geflogen.“ Reuchlin verfaßte beispielsweise die ersten Übersetzungen aus dem Griechischen ins Deutsche, aber auch Editionen und Mate-

rialien für den Griechischunterricht. Griechisch zu lernen war noch zu Reuchlins Studienzeiten ein ungewöhnliches, fast schon revolutionäres Unternehmen. Über seine Studienzeit in Basel – er studierte dort von 1474 bis 1479 – schreibt er viele Jahre später: „Ohne das Studium des Griechischen kann keiner für gelehrt erklärt werden. Dadurch wurden wir zur Philosophie des Aristoteles zurückgeführt, die gewöhnlich nur griechischkundige Menschen adäquat verstehen können. Diejenigen, die bei guter Begabung nicht durch die alte verdorbene und törichte Lehre (des Mittelalters) vergiftet waren, schlossen sich uns an. Doch behaupteten die hochmütigen und vertrockneten Sophisten, gleichwohl lächerlich, daß wir eine Literaturart lehrten, die fern von römischer Frömmigkeit sei, daß die Griechen die Kirche gespaltet hätten und daß wir ihre Wissenschaften, die gegen die offizielle Lehre der Kirche seien, nicht lehren dürften." Bedenkt man, daß Melanchthon, als er 1518 nach Wittenberg berufen wurde, überhaupt erst den zweiten Lehrstuhl für Griechisch an einer deutschen Universität erhielt – wenige Jahre zuvor, 1515, wurde die erste Griechischprofessur an der Universität Leipzig eingerichtet –, dann ersieht man allein daraus, wie langsam sich die humanistischen Studien mit dem Ideal der drei alten Sprachen in Deutschland durchsetzten; Grund dafür war die Polemik, Griechisch sei Sprache der von Rom abgefallenen orthodoxen Kirche. Und zugleich wird deutlich, wie herausragend damals bereits die umfassende humanistische Ausbildung Melanchthons war, die er in direktem Kontakt mit Reuchlin und auf der Pforzheimer Lateinschule genoß – nicht zuletzt deshalb, da Melanchthons Pforzheimer Griechischlehrer, Georg Simler, die erste Griechischgrammatik, die in Deutschland erschien, verfaßt hatte.

Herausragend war auch Reuchlins Kompetenz im Hebräischen, so daß er unter seinen Zeitgenossen als der erste ‚vir trilinguis' galt, also als einer, der alle drei alten Sprachen (Latein, Griechisch, Hebräisch) beherrschte. Durch seine Hebräisch-Studien lernte er die Weisheit der jüdischen Literatur und Philosophie kennen und schätzen. Als einziger setzte er sich gegen Bestrebungen zur Wehr, alle jüdischen Bücher in Deutschland zu verbrennen, und verlor einen zehn Jahre andauernden Prozeß, in den sich sogar das päpstliche Gericht einschaltete. So ist Reuchlin durch seinen Kampf für die Erhaltung der jüdischen Literatur in die Geschichte der Meinungsfreiheit und des Kampfes gegen Zensur eingegangen. Auf eine von Kaiser Maximilian autorisierte Anfrage, ob die Bücher der Juden konfisziert werden sollten, sprach sich Reuchlin – als einziger! – in seinem im Herbst 1510 verfaßten Gutachten dafür aus, fast das gesamte jüdische Schrifttum zu tolerieren; nur grobe Schmähschriften gegen das Christentum sollten ausgenommen bleiben. Berühmt geworden ist Reuchlins Argumentation: Die Juden sind Untertanen des Heiligen Römischen Reiches und genießen deshalb kaiserlichen Rechtsschutz, der auch die Eigentumssicherung umfaßt. Reuchlin betrachtet die Juden als ‚Mitbürger' („concives“) mit gleichem Bürgerrecht. Gegen Reuchlins Auffassung wandten sich der konvertierte Jude Pfefferkorn und die Kölner Dominikaner, denen es gelang, gegen Reuchlin ein Inquisitionsverfahren wegen angeblicher Häresie anzuzetteln. Zahlreiche Prozeßverhandlungen in Mainz, Speyer und Rom brachten wechselnde Urteile, bis letztendlich Reuchlin zehn Jahre nach Beginn der Auseinandersetzung, 1520, durch päpstlichen Beschluß verurteilt wurde. Seine Strafe: Stillschweigen und die Bezahlung der gesamten Prozeßkosten. Dieser Streit um die jüdische Literatur war aber nicht nur eine juristische Angelegenheit, sondern vor allem eine öffentliche Auseinandersetzung zwischen verschiedenen Denkformen: Auf der einen Seite die kirchlich und scholastisch geprägten, antijudaistischen Dominikaner und ihre Gefolgsleute, auf der anderen Seite die Humanisten, die den Kampf gegen die kirchlichen Reaktionäre zur Sache ihres modernen, aufgeklärten Denkens stilisierten. Eine umfängliche Sammlung der Briefe, die Reuchlin von humanistischen Gelehrten erhielt, wurde 1514 in Tübingen herausgegeben, und zwar vom jungen Melanchthon, der mit seinem Vorwort zum ersten Mal an die literarische Öffentlichkeit trat. Die ebenfalls von Humanisten geschriebenen Dunkelmänner-Briefe, die für Reuchlin Partei ergriffen, sind bis heute die bekannteste literarische Frucht und zugleich eine der boshaftesten intellektuellen Satiren gegen Kleingeisterei und Intoleranz. Durch seinen Einsatz für die Erhaltung der jüdischen Bücher (und damit der jüdischen Tradition) gilt Reuchlin bis heute als ein Vater des christlich-jüdischen Dialogs. Vielleicht war es der Einfluß Reuchlins, daß Melanchthon nicht, wie im 16. Jahrhundert ansonsten leider häufig, gegen die Juden polemisierte.

Reuchlin besuchte häufig seine Heimatstadt Pforzheim, damals eine Stadt mit rund 4000 Einwohnern. Hier kümmerte er sich auch um Philipp, der auf der Pforzheimer Lateinschule vor allem in lateinischer Dichtung und in der griechischen Grammatik bemerkenswerte Fortschritte machte. Griechisch gehörte nicht zu den Pflichtfächern, sondern wurde nur besonders begabten Schülern unterrichtet. Griechischunterricht war damals überhaupt noch sehr selten, und meistens fehlten die entsprechenden Lehrbücher. Reuchlin schenkte dem fleißigen Schüler eine griechische Grammatik; dieses Exemplar ist in der Universitätsbibliothek Uppsala erhalten. Reuchlin klebte vorn sein prachtvolles Wappen hinein („Ara Capnionis": der Rauchaltar, Räuchlein Reuchlin) und verfaßte eine Widmung:
"Hanc Grammaticam graecam dono dedit Joannes Reuchlin phorcensis Legum Doctor philippo Melanchthoni Bretthamensi Anno Domini MDIX Idibus Martiis" (‚Diese griechische Grammatik hat zum Geschenk gemacht Johannes Reuchlin aus Pforzheim, Doktor der Rechte, dem Philipp Melanchthon aus Bretten, im Jahr 1509 an den Iden des März'). Am 15. März 1509 erhielt Philipp also dieses Buch. Die Widmung ist noch aus einem anderen Grund von Bedeutung: Sie nennt zum ersten Mal den Namen ‚Melanchthon'. Mit dem Buch verlieh ihm Reuchlin den neuen Humanistennamen, indem er Philipps Nachnamen Schwartzerdt ins Griechische übersetzte: ‚schwarze' ‚Erde' = ‚melas' ‚chthon'. Ein solcher lateinischer oder griechischer Name, der nur von einem berühmten Gelehrten verliehen werden durfte, bezeugte die Begabung des Schülers oder Studenten und war gleichsam die Eintrittskarte in die humanistischen Gelehrtenkreise. Zeitgenossen berichteten, daß Philipp aus Dank für diese Ehre mit seinen Mitschülern ein Theaterstück einstudierte, und zwar eine Komödie Reuchlins. Dieser hatte zwei Schulkomödien geschrieben. Welche von beiden die Schülertruppe aufführte, ist nicht bekannt: Beide sind Komödien, sowohl der ‚Sergius'als auch der ‚Henno', in lateinischer Sprache und in antiken Versmaßen geschrieben, beide sind für Schüler zur Vertiefung ihrer Lateinkenntnisse gedacht.
Wie sah der Unterricht aus, den Melanchthon in Schule und Universität erlebte? Er war humanistisch geprägt, im übrigen nicht zufällig, da der Südwesten zu den kreativsten humanistischen Landschaften des damaligen Deutschland gehörte.

Reuchlins Widmung vom 15. März 1509 in dem in der Universitätsbibliothek Uppsala befindlichen Exemplar der griechischen Grammatik des Konstantin Laskaris: An diesem Tag gräzisierte Reuchlin den Namen seines Großneffen von Schwartzerdt in Melanchthon.

Die Nähe zum humanistischen Mutterland Italien, bekannte Lateinschulen wie die in Schlettstadt oder Pforzheim und die berühmten Universitäten Heidelberg, Freiburg, Basel und Tübingen bildeten den Nährboden für eine lebendige Rezeption der humanistischen Bildungswelt. Der Humanismus, der mit der Antrittsrede des berühmten Wanderhumanisten Peter Luder (um 1415–1472) an der Universität Heidelberg 1456 sein südwestdeutsches „Geburtsjahr“ hat, suchte in allen Bereichen von Wissenschaft und Literatur den Rückbezug zur Antike. Er gründete den schulischen und universitären Unterricht und die eigene literarische Produktion auf der Lektüre der griechischen und lateinischen Klassiker. Der Unterricht der antiken Autoren beinhaltete nicht nur Sprach- und Grammatiklehre, sondern auch die Erklärung der entsprechenden Inhalte. Lukrez, Aristoteles, Dioskurides, Euklid und viele andere galten den Humanisten als sprachliche Muster, aber auch und vor allem als Wissensautoritäten. Philologie wurde zur umfassenden Leitwissenschaft; wer die antiken Autoritäten verstand, besaß das gängige Wissen, sogar in Botanik, Astronomie, Physik, Meteorologie und Biologie. Unersetzlich dafür waren die Herausgabe und Kommentierung der antiken Texte.

Nur ein Jahr besuchte Melanchthon die Pforzheimer Lateinschule. Im Oktober 1509, als 12jähriger, wurde er an der Universität Heidelberg immatrikuliert. Schon 20 Monate später, am 10. 6. 1511, konnte er den Grad des Baccalaureus artium erwerben und damit die erste Stufe des Grundstudiums abschließen. In Heidelberg lernte Melanchthon zahlreiche Humanisten kennen; in zwei von Jakob Wimpfeling herausgegebenen Büchern veröffentlichte Melanchthon 1510 seine ersten Gedichte.

Seine Studien führte Melanchthon an der Universität Tübingen fort, wo er sich am 17. 9. 1512 einschrieb. Hier beschäftigte er sich mit Latein und Griechisch, aber auch mit aristotelischer Philosophie, Logik, Mathematik und Astronomie. Die Astronomie, die er bei dem bekannten Professor Johann Stöffler studierte, faszinierte Melanchthon sein ganzes Leben lang. Neben dem Besuch der Vorlesungen und eigenem Unterricht – seit 25. 1. 1514 war Melanchthon Magister und damit auch in den Lehrbetrieb eingebunden – betreute er in der Tübinger Druckerei des Thomas Anshelm die Drucklegung von zahlreichen Publikationen; als Korrektor mußte er sich um Sprache, Stil, Inhalt und Grammatik der herausgegebenen Werke kümmern.

In die Tübinger Zeit fällt auch Melanchthons erste größere wissenschaftliche Leistung, die Gesamtausgabe der Komödien des antiken römischen Autors Terenz. Vor allem Melanchthons Einleitung, in der er einen breiten Überblick über die Entstehung und Vielfalt der antiken Komödie gibt, erregte große Bewunderung.

Professor in Wittenberg

Der sächsische Kurfürst Friedrich der Weise richtete 1518 einen Lehrstuhl für Griechisch an seiner Landesuniversität in Wittenberg ein und versuchte, Reuchlin, den damals bekanntesten Gräzisten und Hebraisten in Deutschland, zu gewinnen. Dieser lehnte aus Altersgründen ab, empfahl seinen "sonnderlieben vetternn Maister philipps schwartzerd von Bretten", und Melanchthon erhielt die Stelle. Nach Abschiedsbesuchen in Bretten und Pforzheim machte er sich im August 1518 auf den Weg, schloß sich in Augsburg einer kursächsischen Gesandtschaft an und kam über Nürnberg und Leipzig nach Wittenberg. Hinter sich ließ er das kurpfälzische Bretten, den Ort seiner Kindheit, das badische Pforzheim, wo er zur Schule gegangen war, und seine Universitätsstationen, das kurpfälzische Heidelberg und das württembergische Tübingen.

Wittenberg war eine der Residenzstädte des sächsischen Kurfürsten. Friedrich der Weise, der 1486 die Regierung übernommen hatte, trieb den Ausbau der Stadt voran: Von 1487 bis 1490 wurde über die Elbe eine eichene Brücke geschlagen; zuvor war man auf Fähren angewiesen. Eine neue Schloßanlage wurde mit großem Aufwand gebaut, 1496/97 begann der Bau der Schloßkirche. 1509 lag für die gesamte Anlage die Schlußrechnung vor: ingesamt 32466 Gul-

Friedrich der Weise, Kupferstich von Albrecht Dürer 1521.
Kurfürst Friedrich III. von Sachsen gehörte als Erzmarschall des Reiches und Besitzer der erzgebirgischen Silbergruben zu den reichsten und einflußreichsten Fürsten Deutschlands.

den, 13 Groschen und 9 Pfennig; für diesen Betrag hätte man beispielsweise bei dem damaligen Jahresgehalt von 16 Gulden ungefähr 2030 Ärzte ein Jahr bezahlen können. Die berühmtesten Künstler der Zeit statteten die Schloßkirche mit Gemälden und Altartafeln aus: Lucas Cranach d. Ä., Albrecht Dürer und Hans Burgkmair. In der Schloßkirche fand der wertvolle Reliquienschatz des Kurfürsten einen würdigen Rahmen. Hier waren – ganz im Sinne des mittelalterlichen Reliquienkults – oft auch recht merkwürdige Gegenstände versammelt: Holzteile der Krippe Christi, etwas von der Myrrhe der Heiligen Drei Könige, Dornen aus der Dornenkrone Christi oder Zähne, Knochenpartikel und Haare von Heiligen, Aposteln und Patriarchen. 1520 zählte man 19 013 Einzelteile, die einmal im Jahr ausgestellt wurden. Die Intensität der spätmittelalterlichen Frömmigkeit läßt sich auch an der großen Zahl der Messen ablesen: Jährlich wurden in der Schloßkirche 1138 gesungene und 7856 gelesene Messen gefeiert, zusammen also 8994 Messen.
Durch die Gründung der Wittenberger Universität 1502 versuchte Kurfürst Friedrich nicht nur die Bildung im allgemeinen zu fördern, sondern insbesondere fähige Juristen für die Landesverwaltung zu gewinnen. Wirtschaftlichen Auf-

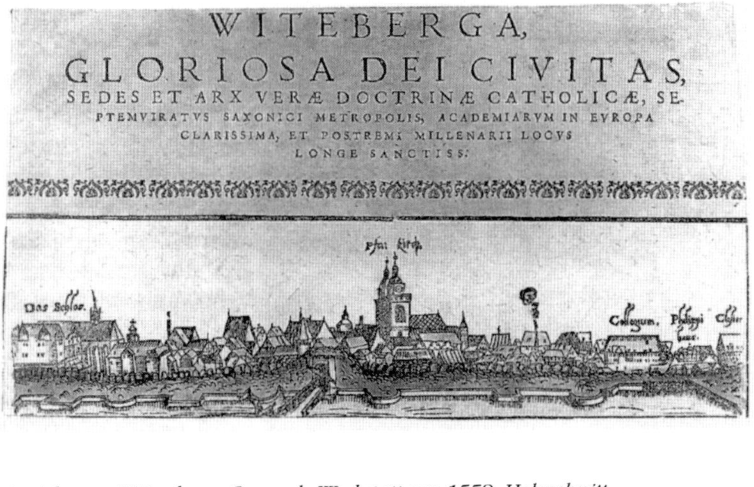

Ansicht von Wittenberg, Cranach-Werkstatt um 1558, Holzschnitt.
Im Westen erkennt man das Schloß, im Osten die Universitätsgebäude und das Haus Melanchthons („Philippihaus").

schwung brachten auch die zugezogenen Professoren und Studenten. So zählte Wittenberg im 16. Jahrhundert zu den Mittelstädten (um 1550 hatte es ca. 2500 Einwohner ohne Studenten); über 90 % der deutschen Städte hatten damals weniger als 2000 Einwohner.
Melanchthon ritt am Vormittag des 25. August 1518 in Wittenberg ein. Er beeindruckte zunächst wenig: eine schmächtige Gestalt, wohl nur ca. 1,50 m, fast wie ein Knabe wirkend. So gibt z. B. der aus St. Gallen stammende Student Johannes Kessler eine anschauliche Beschreibung seines Lieblingslehrers: “ain claine, magere unachtpare person, vermeintest, er were ain knab nit über 18 jahren, nach verstand aber, gelerte und kunst, ain großer starker ris und eld, das einen verwundern möcht, in ainem so clainen lib so ainen großen und unübersechlichen berg kunst und wishait verschlossen ligen.“ Als Melanchthon aber am folgenden Samstag, am 28. August, vor vollem Haus seine Antrittsrede hielt, waren alle überrascht und begeistert. „Er hielt eine grundgelehrte und stilistisch bestens ausgefeilte Rede“, schrieb Luther voll Lobes und nannte den um 14 Jahre jüngeren Kollegen fast schon liebevoll „Graeculus“, d. h. ‚das Griechlein’.

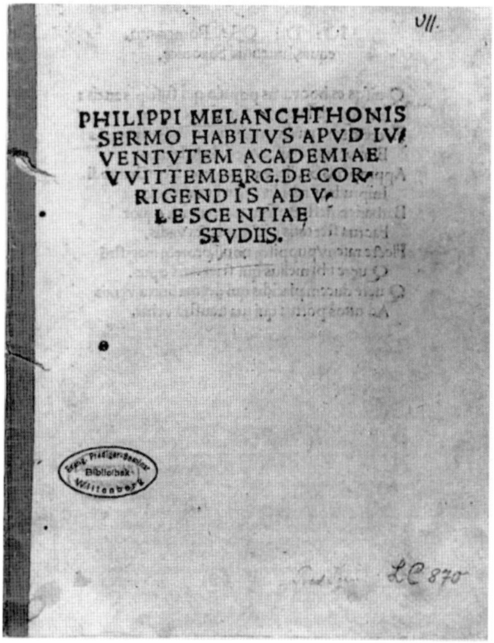
PHILIPPI MELANCHTHONIS
SERMO HABITVS APVD IV
VENTVTEM ACADEMIAE
VVITTEMBERG. DE COR
RIGENDIS ADV
LESCENTIAE
STVDIIS.

Philipp Melanchthon, De corrigendis adulescentiae studiis, Wittenberg: Johann Rhau-Grunenberg 1518.
Die Antrittsvorlesung Melanchthons enthielt ein Programm zur Universitätsreform im humanistischen Sinne, das in den folgenden Jahren umgesetzt wurde.

Beide, Luther und Melanchthon, waren offensichtlich sogleich voneinander fasziniert, Luther vertiefte seine Sprachstudien, Melanchthon arbeitete sich in die Theologie und die neuen Erkenntnisse Luthers ein. Eine intensive Zusammenarbeit begann, die erst mit dem Tod Luthers 1546 endete. Als wenige Monate nach der Ankunft Melanchthons, im Juli 1519, in Leipzig ein Streitgespräch zwischen Luther und dem katholischen Theologen Johannes Eck stattfand, war Melanchthon Augenzeuge; für ihn hat Luther eindeutig triumphiert: „An Martinus, den ich durch vertrauten Umgang schon lange kenne, bewundere ich den lebendigen Geist, die Gelehrsamkeit und die Beredsamkeit. Seinen aufrichtigen und christlichen Sinn muß ich sehr lieben."

Melanchthon war als Universitätslehrer überaus beliebt. Er lehrte griechische Grammatik, las über antike Autoren, behandelte zahlreiche Wissensgebiete (z. B. Rhetorik, Logik, Geographie, Astronomie) und erklärte biblische Bücher. Oft hatte er über 400 Zuhörer, die an dem neuen Professor vor allem die große Belesenheit, die präzise Sprache, die Fülle an Beispielen und die klare Systematik schätzten. Durch Luther und Melanchthon stieg die Universität Wittenberg zur meistbesuchten in ganz Deutschland auf.

Luther gehörte zum Orden der Augustinereremiten; er wohnte im Schwarzen Kloster, so genannt wegen der schwarzen Ordenstracht seiner Bewohner. Melanchthon mietete sich in ein sehr bescheidenes Haus ein, etwa 200 Meter davon entfernt, neben dem Universitätsgebäude gelegen. Bewohner eines solch schlichten Hauses, einer sogenannten „Bude", wurden „Budeling" genannt und waren keine Vollbürger mit aktivem und passivem Wahlrecht. Zunächst wohnte Melanchthon mit Studenten und seinem Gehilfen Johannes Koch zusammen. Die Männerwirtschaft wurde wohl so chaotisch, daß Luther zunehmend um die Gesundheit seines jungen Kollegen fürchtete. Um Melanchthons Lebensumstände zu verbessern, aber auch um ihn in Wittenberg zu halten und ihn nicht an eine andere Universität zu verlieren, bemühte sich Luther im Frühjahr/Sommer 1520 um einen Ausweg: Er suchte eine Frau für ihn. Schließlich fand er sie in Katharina Krapp, einer Tochter des Wittenberger Gewandschneiders und Ratsherrn Hans Krapp. Nur sehr zögernd willigte Melanchthon ein. Der junge arbeitswütige Professor fürchtete um den Fortgang seiner Stu-

Martin Luther als Mönch, Lukas Cranach d. Ä., Kupferstich 1520.
Das älteste Porträt Luthers betont durch Tonsur und Kutte den Mönchsstand des Dargestellten.

dien und wußte einer Ehe kaum etwas abzugewinnen. Seitdem er 1508 seine Mutter und 1509 seine Großtante verlassen mußte, hatte Melanchthon nur unter Männern gelebt: an der Universität, in den Studentenbursen, in seiner Wittenberger Männer-Wohngemeinschaft. Am 27. November 1520 heiratete er ohne große Begeisterung die fast gleichaltrige Katharina; erst allmählich lernten sie sich schätzen.

Philipp Melanchthon und Martin Luther

Luther und Melanchthon: als Standbilder gemeinsam in Wittenberg auf dem Marktplatz, beide in der Schloßkirche begraben. Waren sie auch im Leben vereint, waren sie wirklich das viel beschworene Freundespaar?
Als Melanchthon im August 1518 als 21jähriger in Wittenberg ankam, traf er auf den 14 Jahre älteren Doktor der Theologie Martin Luther. Eine enge Freundschaft zwischen dem Kurpfälzer und dem Sachsen begann. So schrieb Luther bereits nach vier Monaten: „Unser Philipp Melanchthon, ein wunderbarer Mensch, ja einer, an dem fast alles übermenschlich ist, er ist mir dennoch ganz vertraut und befreundet." Und Melanchthon äußerte sich über den auf der Wartburg Weilenden: „Ich würde lieber sterben als von diesem Manne getrennt werden." Nicht nur der Altersunterschied, sondern vor allem die unterschiedlichen Charaktere ließen aber die anfängliche Hochstimmung verfliegen; es entstand gleichwohl eine loyale, freundschaftliche Kollegialität. Beide schätzten einander sehr, was in zahlreichen Aussprüchen deutlich wird. So äußerte Melanchthon voller Trauer beim Tod Luthers: „Ich habe von ihm das Evangelium gelernt." Wie sehr Luther die theologische Arbeit Melanchthons schätzte, kommt in der deutschen Übersetzung der erweiterten Ausgabe des Kolosser-Kommentars von 1529 zum Ausdruck, zu dem Luther eine Vorrede schrieb: „Ich bin dazu geboren, daß ich mit den Rotten und Teufeln muß kriegen und zu Felde liegen, darum meine Bücher viel stürmischer und kriegerischer sind. Ich muß Klötze und Stämme ausrotten, Dornen und Hecken weghauen, die Pfützen ausfüllen und bin der grobe Waldrechter, der die Bahn brechen und zurichten muß. Aber Magister Philippus fähret säuberlich und stille daher, bauet und pflanzet, säet und begeußt mit Lust, nach dem Gott ihm hat gegeben seine Gaben reichlich. Ich hab Magistri Philipps Bücher lieber denn die meinen, sehe auch lieber dieselben beide im Lateinischen und Deutschen auf dem Platz denn die meinen."
In der Stellung zu Kaiser und Reich traten zwischen ihnen leichte Unterschiede zutage. Luther kommentierte Melanchthons Haltung in einer Tischrede: „Kleine und leichte Sachen bewegen mich sehr, große aber nicht; denn da denke ich: Das ist dir zu hoch, du kannst es doch nicht hal-

Martin Luther, Heinrich Aldegrever, Kupferstich 1540.

Philipp Melanchthon, Heinrich Aldegrever, Kupferstich 1540.
Das Doppelporträt geht auf eine Bilderfindung Lukas Cranach d. Ä. zurück. Als Hofmaler handelte dieser auf ausdrückliche Weisung des Kurfürsten. Offensichtlich bestand im ernestinischen Sachsen großes Interesse daran, Luther und Melanchthon in der Öffentlichkeit als Einheit erscheinen zu lassen.

ten, also laß es gehen. Philippus macht es umgekehrt: Meine Sorgen bewegen ihn nicht, ihn bewegen die großen Sorgen des Staates und der Kirche. Mich drücken nur die persönlichen Sorgen. So sind die Gaben verschieden." Sicher hat Luther hier überzeichnet, aber richtig ist, daß Melanchthon stärker die politischen Zusammenhänge beachtete. Beide kannten gleichzeitig sehr wohl ihre charakterlichen Unterschiede, lernten aber, diese im Lauf ihrer 28jährigen Zusammenarbeit zu tragen.

Zu den Situationen, in denen Melanchthon nur wenig Verständnis für Luthers Handeln aufbrachte, gehörte die Hochzeit seines Kollegen. Seine Empörung formulierte Melanchthon in einem Brief an seinen engsten Freund, Joachim Camerarius. Am 16. Juni 1525 schrieb Melanchthon seinen Brief in griechischer Sprache, wie er überhaupt gern die griechischen Schriftzeichen verwendete, wenn er unerwünschte Leser abhalten wollte. Melanchthon berichtete über Luthers unerwartete Heirat, die am 13. Juni in Gegenwart von Bugenhagen, Lucas Cranach und Johannes Apel erfolgte, zu einer Zeit, da die Unruhen in Deutschland seine volle Aufmerksamkeit und Autorität verlangt hätten. Luther sei von den ehemaligen Nonnen umgarnt worden. Die Ehe hielt Melanchthon für naturnotwendig und gottgewollt. Für Luther erwartete er von der Ehe eine beruhigende Wirkung. Melanchthon war also nicht

Katharina von Bora, Johann Keuckel, 17./18. Jahrhundert, Schwarzkunstblatt.
Das Porträt von Luthers Gattin wurde von Lucas Cranach mehrfach gestaltet. Bezeichnenderweise existiert kein Bild von Melanchthons Frau.

so sehr über die Tatsache der Eheschließung, als vor allem über den Zeitpunkt mitten in den Wirren des Bauernkrieges empört.
Über das Verhältnis der beiden Reformatoren gibt es viele Bücher und Aufsätze. Am besten haben sie sich selbst charakterisiert. So sagte Luther einmal in einer Tischrede: „Philippus ist zarter als ich. Darum wird er mehr davon bewegt, wenn die Sachen nicht nach Wunsch gehen. Ich bin gröber und stumpfer. Darum bewegen mich Sachen, denen ich selbst nicht abhelfen kann, nicht so; die Zeit heilt viele solche Sachen besser als Klagen und Trauern." Oder Luther setzte sich mit dem energischen Petrus und Melanchthon mit dem bescheidenen Jakobus gleich: „So geht Philippus in der Liebe daher, ich im Glauben. Philippus läßt sich fressen, ich fresse alles und schone niemand. So wirkt Gott in verschiedenen Leuten doch ein und dasselbe." Trotz aller persönlichen und inhaltlichen Unterschiede hielten sie immer an der gemeinsamen Aufgabe fest und arbeiteten vertrauensvoll zusammen. Vielleicht stehen die beiden doch nicht zu Unrecht gemeinsam vor dem Wittenberger Rathaus ....

Die Bibel für alle

In seinem ersten Semester an der Wittenberger Universität, im Wintersemester 1518/19, behandelte Melanchthon in Vorlesungen den griechischen Epiker Homer, die griechische Grammatik und den biblischen Titus-Brief. Melanchthon erwies sich damit als ein Vertreter des Bibelhumanismus, der das Programm „ad fontes", also zu den Quellen zurückzukehren, sowohl auf die antiken Texte wie auch auf den Urtext der Bibel anwandte. Seine Sprachkompetenz umfaßte auch ausgezeichnete Hebräischkenntnisse, so daß er ab Januar 1519 für einige Monate sogar den universitären Hebräischunterricht vertreten konnte.
In den Sprachkenntnissen übertraf Melanchthon Luther beträchtlich. Angeregt und unterstützt durch den neuen Kollegen und Freund beschäftigte sich Luther verstärkt mit dem Griechischen; mit Bewunderung erwähnte er die Hilfe Melanchthons: „(..) mein Philipp Melanchthon, von Statur ein

Erasmus von Rotterdam, Novum Instrumentum omne, Basel: Johann Froben 1516.
Die Ausgabe des griechischen Neuen Testamentes durch den berühmten Humanisten diente Luther als Grundlage seiner Verdeutschung auf der Wartburg.

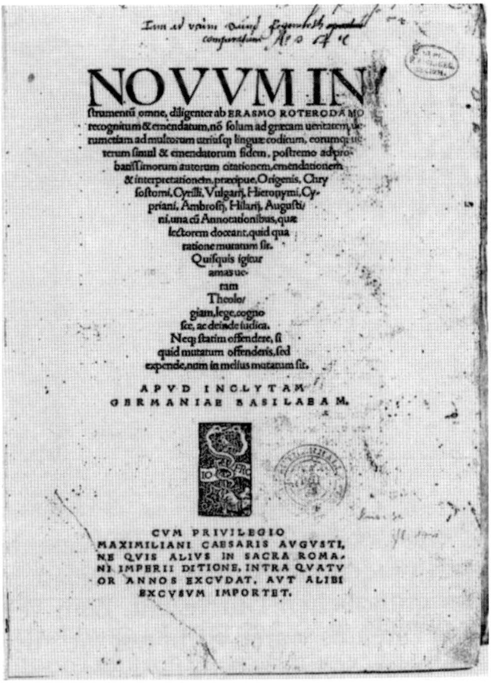
NOVVM IN-
strumentũ omne, diligenter ab ERASMO ROTERODAMO
recognitum & emendatum, nõ solum ad graecam ueritatem, ue-
rumetiam ad multorum utriusq; linguae codicum, eorumq; ue-
terum simul & emendatorum fidem, postremo ad pro-
batissimorum autorum citationem, emendationem
& interpretationem, praecipue, Origenis, Chry
sostomi, Cyrilli, Vulgarij, Hieronymi, Cy-
priani, Ambrosij, Hilarij, Augusti-
ni, una cũ Annotationibus, quae
lectorem doceant, quid qua
ratione mutatum sit.
Quisquis igitur
amas ue-
ram
Theolo-
giam, lege, cogno
sce, ac deinde iudica.
Neq; statim offendere, si
quid mutatum offenderis, sed
expende, num in melius mutatum sit.
APVD INCLYTAM
GERMANIAE BASILAEAM.
CVM PRIVILEGIO
MAXIMILIANI CAESARIS AVGVSTI,
NE QVIS ALIVS IN SACRA ROMA-
NI IMPERII DITIONE, INTRA QVATV
OR ANNOS EXCVDAT, AVT ALIBI
EXCVSVM IMPORTET.

Jüngling, durch sein verehrungswürdiges Wissen ein erfahrener Mann, den ich im Griechischen als Lehrer habe.“ Die Beschäftigung mit den biblischen Texten und zugleich mit den theologischen Gedanken Luthers befähigte Melanchthon, im September 1519 das theologische Grundexamen, das Baccalaureat, abzulegen. In den Thesen, die er für das Examen formulieren mußte, setzte er sich auch mit dem Verhältnis von Bibel und kirchlicher Lehre auseinander: Er betont – damals übrigens weitaus klarer als Luther – die Alleinverbindlichkeit der Bibel: „Man muß an keine anderen Glaubenssätze glauben als an die, die die Heilige Schrift bezeugt“ – also eine klare Absage an manche Lehrsätze der Kirche und der kirchlichen Tradition. So wird verständlich, daß Melanchthon Luther überzeugte, das gesamte Neue Testament zu übersetzen. Luther selbst bestätigt dies in einer Tischrede: „Ph. Melanchthon coegit me ad novi testamenti versionem“ (‚Philipp Melanchthon hat mich zur Übersetzung des Neuen Testaments gedrängt’)
An diese große Arbeit machte sich Luther auf der Wartburg. Dort hielt er sich, verkleidet als Junker Jörg, nach dem Reichstag in Worms vom Mai 1521 bis März 1522 versteckt, da er ja in der Reichsacht stand. Im Dezember 1521 begann er mit der Übersetzung und konnte schon nach 3 Monaten

Luther als Junker Jörg, Lucas Cranach d. Ä., Holzschnitt 1521.

mit einer ersten Fassung nach Wittenberg heimkehren. Sogleich unterzogen Luther und Melanchthon das Manuskript einer gründlichen Durchsicht. Zum Verständnis des griechischen Urtextes waren nicht nur die ausgezeichneten Sprachkenntnisse Melanchthons, sondern auch sein breites Wissen auf vielen Spezialgebieten sehr hilfreich. So halfen beispielsweise Kenntnisse Melanchthons in der Münzkunde bei der Bibelübersetzung, da die antiken Münzbezeichnungen im Neuen Testament (wie Schekel) durch gleichwertige deutsche Münzbezeichnungen wiedergegeben werden sollten. Die Geographie des Heiligen Landes oder die Übersetzung seltener Pflanzennamen gehörten ebenfalls in das ‚Fachressort' Melanchthons.
Im September 1522 erschien die Übersetzung des Neuen Testaments („Septembertestament"). Sie trägt den schlichten Titel: „Das Newe Testament Deutzsch. Vuittemberg". Auf drei Wittenberger Pressen wurde das Werk in einer Auflage von 3000 Stück gedruckt. Bereits im Dezember war eine weitere Auflage notwendig: Darin zeigt sich sehr deutlich der allgemeine Wunsch, endlich eine zuverlässige Bibelübersetzung kaufen zu können. Einen halben Gulden – das entsprach ungefähr dem Wochenlohn eines Zimmergesellen oder dem Preis für 50 Liter guten Bieres – kostete der repräsentative Druck mit 444 Seiten und seinen 21 blattgroßen Holzschnitten zur Offenbarung aus der Werkstatt von Lucas Cranach dem Älteren. Das kraftvolle, bilderreiche, schöne

Das Neue Testament auf Deutsch, Übersetzung Martin Luther, Wittenberg: Melchior Lotter d. J. 1522.

Deutsch der Bibelübersetzung ist eng mit dem Namen Luthers verknüpft („Luther-Deutsch"), sicherlich zu Recht, doch hat Melanchthon seine großen Verdienste beim richtigen sprachlichen Verständnis des Bibeltextes und bei der sachlichen Genauigkeit der Übersetzung.

Ohne Buchdruck keine Reformation: Flugschriften, Luthers eigene Werke, vor allem seine programmatischen Abhandlungen von 1520 („An den christlichen Adel deutscher Nation", „Von der Freiheit eines Christenmenschen", „Von der babylonischen Gefangenschaft der Kirche") und die zahlreichen Ausgaben der Bibelübersetzung waren in ganz Deutschland vielgelesene Boten der Wittenberger Reformation. Die Übersetzung des Neuen Testaments, bald darauf Teile des Alten Testaments (1523/24) wurden immer wieder von Luther, Melanchthon und anderen Wittenberger Fachgelehrten mit großer Sorgfalt durchgesehen und überarbeitet. Im Herbst 1534 erschien die erste deutschsprachige Wittenberger Gesamtbibel; vorangegangen waren intensive Debatten um exakte Wortbedeutungen, flüssigen Satzbau und theologische Feinheiten. Von dem gemeinsamen Ringen, hier besonders bei der Verdeutschung des Buches Hiob, berichtet Luther in seinem ‚Sendbrief vom Dolmetschen', den er 1530 auf der Veste Coburg verfaßte: „Im Buch Hiob müh-

Die ganze Heilige Schrift deutsch, Wittenberg: Hans Lufft 1534.

ten wir uns so, Magister Philipp Melanchthon, Aurogallus (der Wittenberger Hebraist Goldhahn) und ich, daß wir in vier Tagen zuweilen kaum drei Zeilen fertigbringen konnten. Mein Lieber, jetzt wo es verdeutscht und zubereitet ist, kann's ein jeder lesen und meistern. Jetzt läuft einer mit den Augen über drei, vier Blätter und stößt nicht einmal an, wird aber nicht gewahr, welche Steine und Klötze da gelegen haben. Wo er jetzt darüber hingeht, wie über ein gehobelt Brett, da haben wir schwitzen müssen und uns ängstigen, ehe wir dann solche Steine und Klötze aus dem Weg räumten, damit man so fein dahergehen könne. Es ist gut pflügen, wenn der Acker gereinigt ist."

Bei Melanchthon zu Hause

Familie Melanchthon wohnte zunächst in einer bescheidenen „Bude“; Luther sprach einmal bei Tisch davon: „Er mus in einem armen haus wonen.“ Das Haus, das heute in Wittenberg als Melanchthonhaus viele Besucher anzieht, wurde 1536 an der Stelle errichtet, an der zuvor die „Bude“ stand. Kurfürst Johann Friedrich von Sachsen stellte viel Geld zur Verfügung, um dem neben Luther bedeutendsten Professor der Wittenberger Universität ein standesgemäßes Haus zu errichten. Der Kurfürst verfolgte damit auch die Absicht, Melanchthon, um den zahlreiche Universitäten warben, in Wittenberg zu halten. 1 1/2 Jahre dauerte es, bis das Haus mit seinen insgesamt elf Zimmern und dem schönen Kräutergarten fertig war. Es ist nie durch Brand oder Krieg zerstört worden.

Als Familie Melanchthon 1537 einziehen konnte, hatten Philipp und Katharina Melanchthon in den bisherigen 17 Ehejahren schon viel erlebt: Sie hatten vier Kinder bekommen, Anna wurde am 24. 8. 1522, Philipp am 21. 2. 1525, Georg 1526 und Magdalena am 19. 7. 1531 geboren. Die damals hohe Säuglings- und Kindersterblichkeit – bis zum 3. Lebensjahr starben ungefähr 2/3 aller Kinder – hatte auch im Hause Melanchthon ein Opfer gefordert: Der zweite Sohn Georg war mit drei Jahren gestorben; Melanchthon litt sehr unter dem Verlust. Seine Lieblings-

Melanchthonhaus, Fassade zur Collegienstraße (vor der Restaurierung).
Die Lage des Grundstücks zwischen Schwarzem Kloster und Kollegien der Universität verdeutlicht exemplarisch Melanchthons Stellung in Wittenberg.

tochter Anna hatte mit 14 Jahren den doppelt so alten Georg Sabinus geheiratet, einen begabten Schüler Melanchthons. Die Ehe war sehr unglücklich: Als Mutter von 6 Kindern starb Anna mit 24 Jahren, auch zermürbt von jahrelangen Streitigkeiten mit ihrem Mann. Melanchthon machte sich große Vorwürfe, weil er das Paar zusammengebracht hatte, und litt in vielen schlaflosen Nächten. Ein Sorgenkind war auch sein Sohn Philipp, mit dem der Vater offensichtlich nicht recht auskam. Im Alter von 18 Jahren traf er die junge Leipzigerin Margaretha Kuffner; die beiden verliebten sich und verlobten sich insgeheim. Nun waren gerade zu jener Zeit die heimlichen Verlöbnisse sehr umstritten: War eine Verlobung – damals ein bindendes Eheversprechen – ohne Zeugen gültig? Luther war strikt für die Geltung nur öffentlich bezeugter Verlobungen und wetterte von der Kanzel gegen die Verbindung des jungen Philipp. Auch die Mutter hatte Vorbehalte gegen das Mädchen. Mit eindrucksvollen Worten kämpfte Margaretha für ihre Liebe: „Und machet mich armes Mägdlein diese neue Mär zu diesem neuen Jahr ganz betrübt und verrenkt, daß ich noch nicht weiß, was ich vorhaben soll, kann und mag weder essen noch trinken, weder schlafen noch wachen, also gar bin ich in meinem Gemüt zerrückt, zu welchem allen ihr eine einzig Ursach seid.“ Philipp schrieb ihr einen Abschiedsbrief, in dem er viel vom Widerstand seiner Eltern erzählt, ohne eine eigene Entscheidung zu vertreten. Die Hochzeit kam nicht zustande.

Melanchthon war ein fürsorglicher Vater, wie folgende Anekdote zeigt: Als ein französischer Gesandter ins Haus kam, traf er Melanchthon an, wie er in der einen Hand ein Buch zum Lesen hielt, mit der anderen Hand die Wiege schaukelte. Vor allem ein Charakterzug verband die beiden Ehepartner: die Freigebigkeit. Deshalb kam Melanchthon auch zu keinen Reichtümern, obwohl er neben Luther der bestverdienende Professor der Wittenberger Universität war. Das Zusammenleben mit Melanchthon war übrigens nicht immer einfach, rechnete er doch selbst den Jähzorn zu seinen Hauptfehlern.

In Melanchthons Haus wohnten nicht nur die Familie, der Famulus Johannes Koch – er stand 34 Jahre bis zu seinem Tod 1553 in Diensten Melanchthons – und Mägde, sondern auch ständige Hausschüler. Melanchthon hatte sich seit Be-

Melanchthons Studier- und Sterbezimmer (vor der Restaurierung). Vom Originalbestand der Ausstattung des Melanchthonhauses ist nichts erhalten. Erst 1897 bemühte man sich, einen Gedächtnisraum in freier Nachschöpfung zu gestalten.

ginn seiner Wittenberger Lehrtätigkeit darum bemüht, daß seine Kollegen Studenten bei sich zu Hause aufnahmen und sie betreuten; er selbst ging mit gutem Beispiel voran und gründete eine „schola domestica", d. h. eine Hausschule. Für die Hausschüler, die von morgens bis abends den Alltag der Familie miterlebten, sorgte Melanchthon besonders. Er schrieb für sie praktische Lehr- und Lesebücher und dichtete lateinische Gebete, wie Morgen-, Tisch- und Abendgebete. Das ursprünglich in lateinischen Versen gedichtete Tischgebet etwa lautet in einer zeitgenössischen deutschen Übersetzung:
„Almechtiger vater, der du alle deine geschöpff regierst und in deinen henden haltest, der du die vögel der lufft erheltst und ernerest, durch des underhaltung sich auch die visch erneren. Alle thiere der erden, alle wilde leben und wandern durch dich an iren geordenten örtern, im anfang des Glentzen kreucht die Schlang auß irem loch, die den Winter uber unter der erden sich erhalten hat, was sol ich die würm, die klaine thierle der erden erzelen? im eisen, in stainen, im graß, im leib und im kot. Sihe, das klein heuflein rüfft dich an zum tisch und lobt dich got mit seinem unmün-

digen mundt, der du machest, das die erschaffene dein seind; die dein gnedige handt ernert, denselben wöllest du ein gnediger vater sein."
Hinzu kamen fast täglich Gäste, die oft mitaßen. Melanchthon schreibt einmal, daß an diesem Tag bei Tisch elf verschiedene Sprachen erklangen.

Studentische Wappen aus dem Obergeschoß des Melanchthonhauses (vor der Restaurierung). Lediglich einige al fresco auf die Wand gemalte Wappen von Studenten haben die Zeiten überdauert und erinnern heute an die im Hause wohnenden Studierenden.

Der Theologe Melanchthon

Melanchthon gilt bis heute als der wichtigste Reformator an der Seite Luthers. Durch den prägenden Einfluß seines Wittenberger Freundes und Kollegen Luther wandte er sich der Theologie zu und hielt neben seinen humanistischen Vorlesungen (z. B. über antike Autoren, Logik und Ethik) immer auch solche über biblische Schriften. Melanchthon war kein Pfarrer, aber ein evangelischer Theologe von überragender Bedeutung. Seine ,Kanzel' stand nicht in der Kirche, sondern in der Universität. Häufig befand sich Melanchthon im Brennpunkt aktueller Glaubensstreitigkeiten und hatte die Aufgabe, hochpolitische Verhandlungen auf Reichstagen und bei Religionsgesprächen zu führen.
Seine Kompetenz als Fachtheologe von hohem Rang zeigte sich bereits mit der Veröffentlichung der „Loci communes" von 1521. Das Büchlein ist der Ertrag einer sorgfältigen Beschäftigung mit dem Römerbrief. Daraus hatte Melanchthon

Philipp Melanchthon, Loci communes theologici, Wittenberg: Melchior Lotter 1521.
Erstausgabe des erfolgreichsten theologischen Lehrbuches Melanchthons.

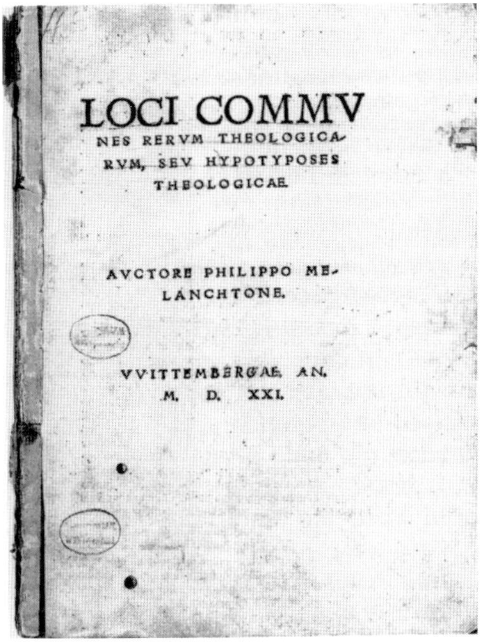

eine Reihe von Grund- und Leitbegriffen (loci) gewonnen, die ihm zum Schlüssel für das Verständnis der ganzen Bibel wurde. Im Kern geht es um das Verhältnis von Sünde, Gesetz und Gnade. Fragestellungen spekulativer Theologie – etwa über das Verhältnis der beiden ‚Naturen' Christi, der göttlichen und der menschlichen Natur, oder das Verhältnis der drei ‚Personen' in der Trinität – treten zunächst einmal zurück:
„Die Geheimnisse der Gottheit sollten wir eher anbeten als zu erforschen suchen."
„Das heißt Christus erkennen: seine Wohltaten, die in ihm uns zugewandte Barmherzigkeit Gottes erkennen."
„Was nützt es einem Arzt, wenn er weiß, wie die Kräuter aussehen, aber deren Heilkraft nicht kennt?"
Für Melanchthon war alles auf die Frage bezogen, wie der Mensch des Heils teilhaftig werden könne. Dem dienten auch die Skizze des menschlichen Seelenlebens, die Erörterung der Frage des freien Willens und der Bedeutung der Sakramente für den Heilsempfang. Der übersichtliche Aufbau, die präzisen Darlegungen und die klare Sprache brachten der evangelischen Bewegung viele neue Anhänger. Luther konnte das Büchlein geradezu überschwenglich loben. Es sei „ein unübertroffenes Buch, nicht nur der Unsterblichkeit, sondern auch der kirchlichen Kanonizität würdig." Mit gutem Grund bezeichnet man es als erste evangelische Dogmatik.

Philipp Melanchthon, Unterricht der Visitatoren an die Pfarrer im Kurfürstentum Sachsen, Wittenberg: Nikolaus Schirlentz 1528.
Das Titelblatt zeigt im unteren Bereich neben Luthers Wappen, da dieser die Vorrede verfaßte, auch das Philipp Melanchthons, die eherne Schlange, die als Hinweis auf den gekreuzigten Christus gedeutet wurde.

Die verschiedenen Ausgaben der „Loci" (besonders die von 1543/44 und die letzte vor seinem Tod aus dem Jahr 1559) zeigen die Entwicklung in Melanchthons theologischem Denken. Stets blieb er dabei seiner reformatorischen Grundüberzeugung treu. Doch die weitere Entfaltung seiner Theologie stand unter dem Eindruck von Erfahrungen, die sehr schmerzlich waren. Schwer litt Melanchthon unter einer bildungsfeindlichen Stimmung und den Tendenzen zu einem schwärmerischen Christentum. Bei der kursächsischen Kirchen- und Schulvisitation, bei deren Planung und Durchführung er maßgeblich beteiligt war und für die er den „Unterricht der Visitatoren" (von 1528, mit einer Vorrede Luthers versehen) verfaßte, zeigte sich in erschreckender Weise der wahre Zustand von Schule und Gemeinde. Als Universitätslehrer bekam er all das zu spüren. Groß war seine Sorge, daß das Evangelium als „billige Gnade" mißverstanden wird und Kirche und Gesellschaft der Barbarei verfallen. Energisch widersprach er einer pseudotheologischen Verachtung der Wissenschaft. „Gott hat sich in menschlicher Sprache geoffenbart. Darum brauchen wir ein Verständnis der Sprache, ja auch Sprachwissenschaft. Gewiß bedarf es vor allem des göttlichen Geistes zur Schriftauslegung. Aber über den kann man nicht verfügen; die Sprachen hingegen kann man lernen und üben." In einem Brief aus dem Jahr 1523 schreibt Melanchthon: „Es ist das Wesen von Religion und Theologie, daß ein jeder nur das erlangt, was ihm der Heilige Geist verleiht. Aber dennoch: wenn nicht die Fähigkeit zu sprechen und die Erkenntnis der Sprache hinzutreten, dann fehlt denen, die sich mit Religion und Theologie befassen, sehr, sehr viel." Lehre des Evangeliums und gründliche, umfassende Bildung – das geht bei Melanchthon Hand in Hand. Es mag paradox erscheinen: Gerade aus theologischen Gründen blieb er in der Fakultät für Anfänger. Immer wieder erteilte er Grundlagenkurse für alle Studenten, weil nach seiner Überzeugung ohne ein sicheres Fundament in Sprache, Grammatik, Rhetorik, Logik und Sachwissenschaften sachgemäße Theologie gar nicht möglich ist.

So griff Melanchthon in beachtlicher Breite antikes Bildungswissen auf, auch die Naturphilosophie des Aristoteles, über den Luther wenig schmeichelhaft geurteilt hatte. Dabei hat der Humanist – trotz des Sündenfalls und seiner Folgen – der Vernunft und dem (freien) Willen nicht wenig zugetraut, dies in einem Maße, das erstaunlich ist, wenn man es mit diesbezüglichen Äußerungen Luthers vergleicht. Die Theologie gewann so bei Melanchthon einen philosophischen Hintergrund, der ihm die theoretische und systematische Einordnung einer Fülle von Einsichten erlaubte. Die Entfaltung der sittlichen und geistigen Kräfte des Menschen geschieht nun aber – theologisch gesprochen – „unter dem Gesetz".

Der pädagogische Zug in der Theologie Melanchthons zeigt sich nicht zuletzt in der Art und Weise, wie er das „Gesetz", also den Anspruch der Gebote, und das „Evangelium", also den Zuspruch der Barmherzigkeit Gottes, unterscheidet. Melanchthon betonte mit Nachdruck, daß eine Evangeliumsverkündigung nicht ohne Gesetzespredigt auskommt. Das Gesetz diente für ihn nicht nur der Überführung des Sünders, sondern auch der Gewährleistung bürgerlicher Gerechtigkeit und öffentlicher Ordnung; auch die Gläubigen bedürfen immer noch und wieder der Predigt des Gesetzes. Das Evangelium freilich zielt auf den Glauben. Diesen verstand Melanchthon in Übereinstimmung mit Luther zentral als einen Akt des „Vertrauens auf die in Christus zugesagte göttliche Barmherzigkeit". In solchem Glauben geschieht die Rechtfertigung des Menschen. „Rechtfertigung bedeutet Vergebung der Sünden und Versöhnung oder Annahme des Menschen zum ewigen Leben."

Melanchthons Theologie war sowohl im Verhältnis zur römischen Kirche wie bei den Streitigkeiten im eigenen Lager auf Ausgleich bedacht, ohne faule Kompromisse zu schließen und die grundlegenden Einsichten der Reformation preiszugeben. Viel stärker als Luther fiel ihm die Aufgabe zu, maßgeblich bei der Organisation der entstehenden evangelischen Landeskirchen mitzuwirken. Melanchthon betonte die große Bedeutung der Kirche für das politische Gemeinwesen. Er verband in Lehre und Unterricht immer die Verkündigung des Evangeliums mit dem Bemühen um bessere Erziehung und Bildung. Diese Einheit von Glaube und Wissen versuchte er im Alltag, etwa im täglichen Umgang mit seinen Hausschülern und durch gemeinsame Lektüre, zu praktizieren.

Augsburger Reichstag

Luthers 95 Thesen hatten in ganz Deutschland eine erstaunliche Resonanz. Durch zahlreiche Flugschriften wurden die neuen Gedanken unter das Volk gebracht. Nach der deutschen Übersetzung des Neuen Testaments (das „Septembertestament" von 1522) erschien 1524 das erste evangelische Gesangbuch; 1526 legte Luther in seiner ‚Deutschen Messe' eine Ordnung des evangelischen Gottesdienstes vor. Die Sache der Reformation wurde unüberhörbar, zumal die evangelischen Fürsten und Städte zu einem Machtfaktor geworden waren: Auf dem Reichstag in Speyer 1529 protestierten 5 Fürsten und 14 Städte, um eine freie Religionsausübung zu erreichen (seitdem wurden sie „Protestanten" genannt).

Der Kaiser zeigte sich sehr feindlich gegen alle reformatorischen Bestrebungen und hatte mit dem Wormser Edikt von 1521 Luther unter die Reichsacht gestellt und seine Schriften verboten. Groß war deshalb die Überraschung unter den

evangelischen Ständen, als der Kaiser 1530 in versöhnlichen Worten einen Reichstag nach Augsburg einberief. In seinem Schreiben an die Reichsstände wünschte er sich „Die Zwietracht hinzulegen, vergangene Irrsal unserem Heiland zu ergeben und ferner eins jeglichen Gutdunken, Opinion und Meinung in Lieb und Gütigkeit zu hören". Schließlich sollten die Fürsten sich dazu durchringen, „durch uns (den Kaiser!) alle ein einge und wahre Religion anzunehmen". Wer aufmerksam las, konnte aus dem „durch uns" eine versteckte Drohung heraushören. Neben Maßnahmen zur Abwehr der drohenden Türkengefahr – man denke nur an die Belagerung Wiens 1529 – sollte sich der Reichstag also vor allem mit dem Problem der drohenden Kirchenspaltung befassen.
Der Rat der Stadt Augsburg kümmerte sich um die Beschaffung von Quartieren, Stallungen und Proviant und erließ Verordnungen zum Schutz der Bürger und der Gäste. Am 15. Juni 1530 zog Kaiser Karl V. feierlich mit seinem Hofstaat ein. Schon die ersten Maßnahmen des Kaisers zeigten deutlich, daß er am katholischen Glauben und der kirchlichen Tradition festhalten wollte: Er verbot den lutherischen Prädikanten die öffentliche Predigt und forderte alle Fürsten auf, sich an der Fronleichnamsprozession zu beteiligen. Die evangelischen Fürsten weigerten sich unter Berufung auf ihr Gewissen, weil dem Fronleichnamsfest die biblische Grundlage fehle.
Melanchthon war als Wortführer der sächsischen Theologen nach Augsburg gekommen, da Luther als Geächteter das kursächsische Gebiet nicht verlassen durfte. Während der monatelangen Verhandlungen in Augsburg – Melanchthon hielt sich auf dem Reichstag von Ende April bis Ende September auf – weilte Luther auf der Veste Coburg und wartete voller Ungeduld auf Nachrichten aus Augsburg. Melanchthon arbeitete fieberhaft an der Bekenntnisschrift. Neben Vorarbeiten Luthers – z.B. den Marburger Artikeln zum Religionsgespräch mit Zwingli und Bucer und der Schrift „Vom Abendmahl Christi" – zog er seine eigene, mit Luther abgesprochene Schrift „Vom Unterricht der Visitatoren" heran. Freunde wie Justus Jonas, Georg Spalatin und Johann Agricola halfen ihm bei der Abfassung des deutschen und lateinischen Textes. An der Endredaktion arbeitete er aber Tag und oft auch Nacht allein. Ursprünglich war eine Streit- oder Abwehrschrift geplant, nun wurde ein Bekenntnis daraus.

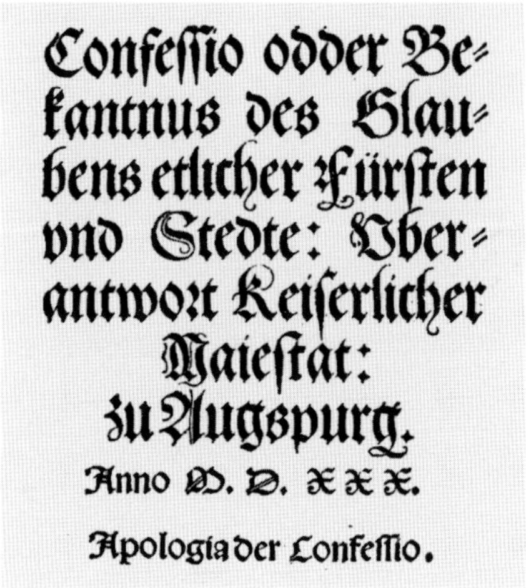
Confessio odder Be-
kantnus des Glau-
bens etlicher Fürsten
vnd Stedte: Vber-
antwort Keiserlicher
Maiestat:
zu Augspurg.
Anno M. D. XXX.
Apologia der Confessio.

Philipp Melanchthon, Confessio oder Bekenntnis des Glaubens, Wittenberg: Georg Rhau 1531, Erstausgabe der deutschen Fassung.

Sein Werk, in dem er die Mißbräuche der katholischen Kirche und die Glaubensgrundlagen der eigenen Lehre darstellte, schickte Melanchthon zur Begutachtung an Luther. Wenige Tage später, am 15. Mai 1530, sandte Luther sie an den sächsischen Kurfürsten Johann den Beständigen: „Ich habe Magister Philipps Verteidigungsschrift überlesen: die gefällt mir sehr wohl und weiß nichts daran zu bessern noch ändern, würde sich auch nicht schicken, denn ich so sanft und leise nicht treten kann. Christus, unser Herr, helfe, daß sie viel und große Furcht schaffe, wie wir hoffen und bitten. Amen.“ Luther stimmte der Schrift Melanchthons ohne Abstriche zu. Die Feststellung, daß er „so sanft und leise nicht treten“ könne, wird oft als Kritik aufgefaßt, als wolle er Melanchthon eine zu weiche Haltung vorwerfen. Luther würdigte aber das besondere Anliegen der Bekenntnisschrift, die Gemeinsamkeiten zwischen den beiden Parteien zu betonen, und damit das Bemühen Melanchthons um die Einheit des Glaubens und der Kirche. In diesen Monaten, in denen oft in rascher Folge Briefe wechselten, traten zwischen den beiden Reformatoren unterschiedliche Bewertungen über den Sinn und den Erfolg der Einigungsverhandlungen mit der katholischen Seite zutage: Melanchthon war zu Zugeständnissen bereit, um das Auseinanderbrechen der Kirche und des Staates und damit einen drohenden Bürgerkrieg zu verhindern. Luther dagegen glaubte nicht an die Veränderungsbereitschaft der römischen Kirche und hielt deshalb einen Kompromiß für aussichtslos.

Am 25. Juni 1530 las der sächsische Kanzler Christian Beyer das Augsburgische Bekenntnis („Confessio Augustana“) dem Kaiser und den versammelten Kurfürsten, Fürsten und Ständen vor. Sieben Fürsten und die beiden Reichsstädte Nürnberg und Reutlingen hatten das ursprünglich sächsische Bekenntnis unterschrieben und eingereicht. Zeitgenossen berichten, der Kaiser sei während der Verlesung eingeschlafen; ein Grund war sicher, daß er der deutschen Sprache nicht mächtig war.
Das Bekenntnis beginnt mit einer politisch gehaltenen Vorrede, die ein Reichskonzil fordert. Der eigentliche Inhalt ist zweigeteilt. Im größeren Teil, in 21 Kapiteln, werden die „Hauptartikel des Glaubens“ behandelt, welche die weitgehende Übereinstimmung mit der alten Kirche und ihrer Lehre zeigen sollen. Nach den ersten drei Kapiteln mit Gotteslehre, Erbsündenlehre und der Lehre von Christus folgt in den Kapiteln 4–6 das Kernstück reformatorischen Glaubens, die Rechtfertigungslehre. Im Artikel 4 heißt es: „Weiter wird gelehrt, daß wir Vergebung der Sünde und Gerechtigkeit vor Gott nicht durch Verdienste, Werke und Gott versöhnende

Übergabe der Augsburger Konfession auf dem Reichstag, Carl Reshard, Kupferstich 1717.
Es gibt keine zeitgenössische Darstellung dieses weltgeschichtlichen Momentes. Der Kupferstich entstand anläßlich des zweihundertsten Reformationsjubiläums.

Leistungen erreichen können. Vielmehr empfangen wir Vergebung der Sünde und werden vor Gott gerecht aus Gnade um Christi willen durch den Glauben, (das heißt) wenn wir glauben, daß Christus für uns gelitten hat und uns um seinetwillen die Sünde vergeben, Gerechtigkeit und ewiges Leben geschenkt wird." Der 6. Artikel „Vom rechten Gehorsam" nimmt das Problem der guten Werke auf und sieht sie als spontane Antwort auf Gottes Zuwendung in Christus. In Artikel 20 wird dies so verdeutlicht, „daß gute Werke getan werden sollen und müssen, aber nicht so, daß man darauf vertraut, durch sie Gnade zu verdienen, sondern daß man sie um Gottes willen und zu Gottes Lob tut". In den folgenden Artikeln geht es um das reformatorische Verständnis von Kirche. Dabei wird festgehalten, „daß allezeit die eine heilige christliche Kirche sein und bleiben muß." Sie ist „ihrem Wesen nach nichts anderes als die Versammlung aller Gläubigen und Heiligen". Taufe und Abendmahl als biblisch begründete Sakramente, Beichte und Buße werden in ihrer Bedeutung erläutert, kirchliche Ordnungen als notwendig, aber nicht als heilsnotwendig bezeichnet. Der zweite Teil umfaßt „sieben Artikel von welchen Zwiespalt ist". Hier geht es um die Streitpunkte, darunter Priesterehe, Ablehnung der Klostergelübden, Einführung der deutschsprachigen Messe und Abendmahl unter beiderlei Gestalt, also mit Brot und Wein. Die größten Zugeständnisse machte Melanchthon beim Bischofsamt: Die Bischöfe sollten weiterhin amtieren können, allerdings nur unter der Bedingung, daß sie die evangelische Religionsausübung mit deutscher Messe, vollständigem Abendmahl und Priesterehe nicht behinderten.
Melanchthon hat das Bekenntnis mit dem Ziel verfaßt, die Gemeinsamkeiten herauszustellen, wie die Schlußbemerkung zum ersten Teil unmißverständlich zeigt: „Das ist die Summa der Lehre, welche in unseren Kirchen gepredigt und gelehret wird. Da dieselbige in der Heiligen Schrift klar gegründet ist und dazu der gemeinen christlichen, ja auch der römischen Kirche nicht zuwider noch entgegen ist, so meinen wir, unsere Widersacher können in oben angezeigten Artikeln nicht uneinig mit uns sein."
Bei der Übergabe des Augsburgischen Bekenntnisses an den Kaiser war Melanchthon selbst nicht anwesend. Er saß in seiner Herberge zusammen mit Johannes Brenz, dem Reformator Württembergs, und ließ den Tränen der Erschütte-

rung, Freude und Erleichterung freien Lauf. So sehr bewegte den nach Wochen hektischer Arbeit erschöpften Melanchthon der Gedanke, daß die evangelische Lehre erstmals vor allen Reichsständen öffentlich dargelegt wurde. Der Kaiser sah in der „Confessio Augustana" eine Gefährdung der gottgewollten Ordnung von Staat und Kirche und gab einer katholischen Theologenkommission unter Leitung von Johannes Eck den Auftrag, eine Widerlegung abzufassen, auch „Confutatio" genannt. Damit waren Melanchthons intensive Bemühungen um die Einheit gescheitert. Wenige Monate später, nachdem gegen Ende des Augsburger Reichsttages von den katholischen Fürsten ein Krieg angedroht worden war, wurde der Schmalkaldische Bund, das politische Bündnis der evangelischen Fürsten und Städte, gegründet. Schon in Augsburg war die Kriegsgefahr zu spüren, wie ein Brief Melanchthons an Luther drastisch zeigt: „Wir leben hier in schlimmsten Sorgen und ständigen Tränen."

Der Lehrer Deutschlands

Die Teilnahme an Reichstagen, Religionsgesprächen und politischen Beratungen empfand Melanchthon oft als sehr beschwerlich, nicht nur weil er dadurch lange Zeit von seiner Familie getrennt war, sondern auch weil er durch die häufigen Reisen seinen eigentlichen Beruf nicht ausüben konnte: Melanchthon war Lehrer aus Leidenschaft. Seit seiner Ankunft in Wittenberg im September 1518 bis kurz vor seinem Tod im April 1560 unterrichtete er an der Universität Wittenberg. Dorthin war er als Professor für Griechisch berufen worden. Sein ungeheures Wissen ermöglichte ihm, auf vielen Gebieten Vorlesungen zu halten. Für den Griechisch- und Lateinunterricht hat Melanchthon Grammatiken verfaßt, die in hoher Auflage an zahlreichen Schulen benutzt wurden – übrigens nicht nur in Deutschland, sondern beispielsweise auch in Skandinavien. Da die Sprache der Schulbücher und des Unterrichts Latein war, konnte man Melanchthons Werke auch im Ausland problemlos verwenden.

Neben Kommentaren zu antiken Autoren schrieb Melanchthon auch wichtige Lehrbücher zu anderen Fächer wie etwa

zu Rhetorik, Ethik, Physik, Geschichte und Geographie. In vielen Schulen des 16. Jahrhunderts waren die Bücher Melanchthons als Unterrichtsstoff vorgeschrieben. Schon die Zeitgenossen haben den Wittenberger Professor als Lehrer Deutschlands, als „Praeceptor Germaniae", gepriesen. Doch nicht nur die große Zahl seiner Schulbücher und vor allem ihre weite Verbreitung rechtfertigen dieses Lob. Melanchthon hat auch eine ganze Lehrergeneration entscheidend geprägt. In seinen Vorlesungen saßen oft über 400 Studenten, so viele wie in keiner anderen. Sie wurden angezogen von Melanchthons großer Belesenheit und lebhafter freier Rede, die er nur selten für das Diktieren spezieller Erklärungen unterbrach. In seinen Ausführungen zog er immer wieder andere Wissensgebiete heran und streute Anekdoten sowie eigene Erlebnisse mit bekannten Persönlichkeiten ein. Die Vorlesungsstunden bedeuteten für die Studenten aber keineswegs entspanntes Zuhören; sie mußten vielmehr immer auf die gefürchteten, direkt gestellten Zwischenfragen Melanchthons gefaßt sein, der auf falsche Antworten häufig sehr zornig reagierte. Die Kenntnis der exakten Wortbedeutung und eine klare Sprache waren ihm besonders wichtig, da er oberflächliches Daherplappern ablehnte. Man könne nicht auf der Grundlage der Bibel Theologie betreiben, ohne die drei alten Sprachen zu beherrschen; alles andere sei, so Melanchthon, Geschwätz.
„Ihn zu hören strömten sie, von seinem Ruhm angezogen, aus allen Gegenden Deutschlands herbei, sogar aus fast allen Provinzen und Reichen Europas, aus Frankreich, England, Ungarn, Siebenbürgen, Polen, Dänemark, Böhmen, selbst aus Italien, ja aus Griechenland, in größter Zahl und zu allen Zeiten. Wie viele Schüler muß er im Laufe seines Lebens gehabt haben, die dankbar ihn als ihren Lehrer anerkennen und, nach allen Himmelsgegenden verstreut, die Bildungsschätze, die sie sich dort erworben haben, verwerten!" So lobte Jakob Heerbrand in einer Rede den verehrten Lehrer kurz nach dessen Tod. Nach Abschluß ihrer Studien konnten die Studenten an vielen Orten ihr Wissen als Lehrer und Universitätsprofessoren weitergeben; das verdankten sie oft Melanchthon, der viele Empfehlungsschreiben verfaßte. Denn damals gab es noch keine Zeugnisse mit Noten, so daß die persönliche Empfehlung für den Einstieg in das Berufsleben unabdingbar war. Anfragen von Städten erhielt

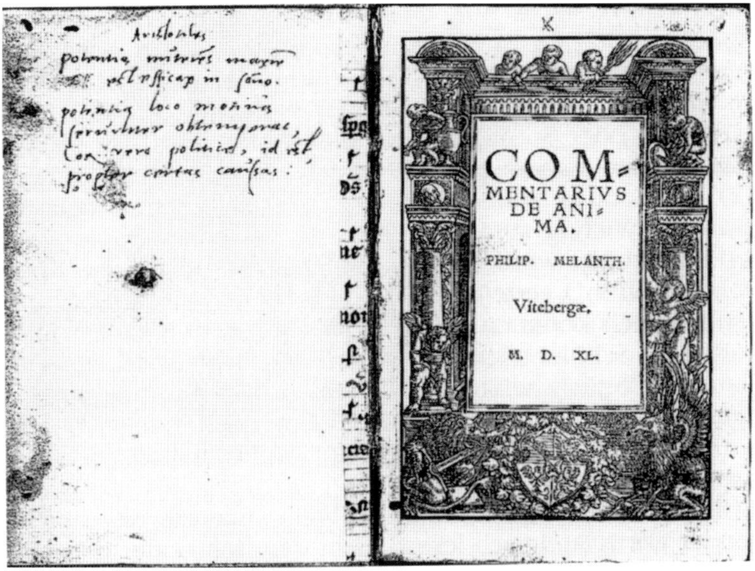

COM-
MENTARIVS
DE ANI-
MA.

PHILIP. MELANTH.

Vitebergæ.

M. D. XL.

Philipp Melanchthon, Commentarius de anima, Wittenberg: Peter Seitz 1540. Entstanden aus einer Vorlesung über die naturwissenschaftlichen Schriften des Aristoteles, entwickelte sich dieses Buch über mehrere Zwischenstationen zu einem selbständigen Werk, das sich mit den philosophischen wie physiologischen Grundlagen der Anthropologie befaßte.

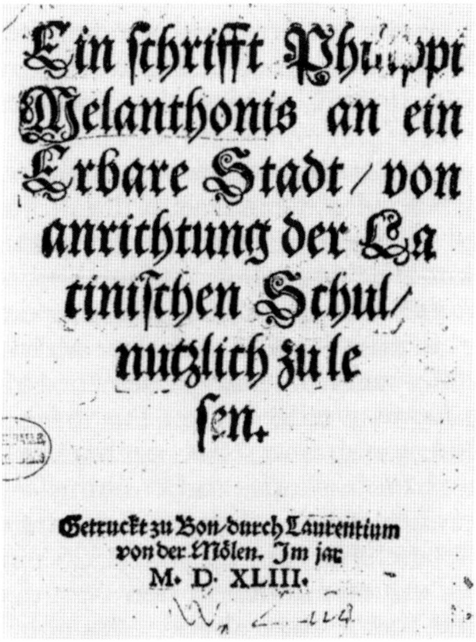

Ein schrifft Ph[illegible]ppi
Melanthonis an ein
Erbare Stadt / von
anrichtung der La
tinischen Schul /
nutzlich zu le
sen.

Getruckt zu Bon durch Laurentium
von der Mölen. Im jar
M. D. XLIII.

Philipp Melanchthon, Eine Schrift an eine Ehrbare Stadt von Anrichtung der lateinischen Schule, Bonn: Laurentius von der Mühlen 1543. Das Plädoyer für die Lateinschule verfaßte Melanchthon auf Deutsch, damit es der angesprochene Stadtrat auch lesen und verstehen konnte.

Melanchthon nicht nur, wenn Stellen zu besetzen waren, sondern auch wenn Schulen gegründet wurden oder eine neue Ordnung brauchten. So schlug Melanchthon jeweils dreiklassige Lateinschulen unter anderem für Eisleben, Herzberg oder Soest vor. Vor allem drei Prinzipien sollten die Schulen beherzigen: (1) Unterrichtssprache ist Latein. (2) Die Schüler sollen nicht mit zu viel Lehrstoff belastet werden. Wichtig sind Gründlichkeit und Wiederholungen. (3) Die Schüler werden nach Alter und Wissen auf drei Klassen („hauffen") verteilt, erst nach Erreichen eines bestimmten Lernziels kommen sie in die nächsthöhere Klasse (früher saßen die Schüler aller Altersstufen unterschiedslos in einem Raum). Wörtlich heißt es in seinem „Unterricht der Visitatoren": „Nu sind viel missbreuche ynn der kinder schulen. Damit nu die Jugent recht gelernet werde, haben wir diese form gestellet.

Erstlich, sollen die schulmeister vleis ankeren, das sie die kinder allein lateinisch leren, nicht deudsch odder grekisch odder ebreisch, wie etliche bisher gethan, die armen kinder mit solcher manchfeltickeit beschweren, die nicht allein unfruchtbar, sondern auch schedlich ist. Man sihet auch, das solche schulmeister nicht der kinder nutz bedencken, sondern umb yhres rhumes willen, so viel sprachen fürnemen.

Zum andern, sollen sie auch sonst die kinder nicht mit viel büchern beschweren, sondern in alle weg manigfeltickeit fliehen.

Zum dritten, ists not, das man die kinder zurteile ynn hauffen."

Da Melanchthon im Auftrag des Kurfürsten Kirchen und Schulen besuchte und prüfte, formulierte er seine Vorschläge in genauer Kenntnis der Schulsituation. Vor Ort waren ihm viele Mißstände aufgefallen, auf die er mit zahlreichen Verbesserungsvorschlägen reagierte. Mit der ‚Oberen Schule' in Nürnberg begründete Melanchthon 1526 sogar einen völlig neuen Schultyp, der zur Urform des deutschen Gymnasiums werden sollte. Für diese Schule entwarf er ein Bildungsprogramm, das nach dem Besuch der Lateinschule eine umfassende Vorbereitung auf das Universitätsstudium gewährleistete. Zur feierlichen Eröffnung der Schule hielt Melanchthon am 23. Mai 1526 eine lateinische Festrede, in der er unter anderem den Wert der Wissenschaften für Staat und Kirche hervorhebt: „Was aber schafft dem ganzen Men-

Philipp Melanchthon, Albrecht Dürer, Kupferstich 1526. Das schönste uns überlieferte Porträt Melanchthons geht auf eine Silberstiftzeichnung zurück, die Dürer anfertigte, als Melanchthon wegen der Gymnasialgründung in Nürnberg weilte.

schengeschlecht größeren Nutzen als die Wissenschaften? Keine Kunst, kein Handwerk, ja nicht einmal die Früchte selber, die durch die Erde hervorgebracht werden, auch nicht die Sonne, die viele für die Schöpferin des Lebens halten, ist nötiger als die Wissenschaften. Denn da ohne Gesetze und Gerichte und ohne Religion weder die Staaten aufrechterhalten noch ein Zusammenschluß von Menschen zustande gebracht und regiert werden kann, würde das menschliche Geschlecht nach Art wilder Tiere umherschweifen, wenn die Wissenschaften untergingen, von denen gute Gesetze hervorgebracht worden, gute Sitten und Bildung erwachsen sind, durch die die Religion fortgepflanzt wurde und noch bis jetzt besteht." Und er fährt fort: „Gerade in einer wohlgeordneten Bürgerschaft besteht ein Bedarf an Schulen, in denen die Jugendlichen, die Zukunft der Bürgerschaft, ausgebildet werden kann. Denn wenn einer meint, daß man ohne Unterweisung zu einer wirklichen Tüchtigkeit gelangen könne, so täuscht er sich gewaltig. Und keiner ist für die Leistung des Staates hinreichend befähigt ohne Kenntnisse in den Wissenschaften, in denen die gesamte Staatskunst enthalten ist."

Unterwegs für die Reformation

Das umfängliche Lebenswerk Melanchthons ist nicht das Ergebnis stillen Forschens, sondern die Leistung eines Mannes, der nur selten ungestört seinen gelehrten Neigungen nachgehen konnte. Oft mußte er auf den Schauplätzen der konfessionellen Auseinandersetzungen agieren – nicht selten nach beschwerlichen Reisen zu Pferd oder im Wagen an weit entfernte Orte. Mit vielen Gelehrten, Theologen, Fürsten und politischen Ratgebern kam er dabei in Kontakt. Ein Briefwechsel von über 9500 erhaltenen Briefen zeigt seine vielfältigen Beziehungen; es gab Tage, an denen Melanchthon 10 Briefe schrieb, alle eigenhändig, zumeist frühmorgens vor 6 Uhr, bevor der Berufsalltag mit Vorlesungen, Beratungen und Gutachtertätigkeit begann.

Gereist ist Melanchthon häufig und zu verschiedenen Anlässen. So führte ihn 1527 eine Visitationsreise durch ganz Thüringen: Als Visitator mußte Melanchthon die Pfarrer und Lehrer nach ihrem Wissen und Lebenswandel befragen; auch die finanzielle Sicherung der Pfarrstellen oder die neuer Stellen, etwa für Kapläne oder Schulmeister, mußte geregelt werden. „Sittsam und eines guten Wandels und Lebens und viel gelehrt", so sollte nach Melanchthon ein guter Pfarrer sein. Am Ende dieser thüringischen Visitation verfaßte er die oben genannte Schrift, den „Unterricht der Visitatoren", die für die kirchliche Organisation der protestantischen Länder Maßstäbe setzte. Auch später ging Melanchthon als Visitator auf Reisen, allerdings zumeist in der Nähe Wittenbergs.

Die weitesten Reisen unternahm Melanchthon zu Reichstagen und Religionsgesprächen. Zum ersten Mal erlebte Melanchthon einen Reichstag 1529 in Speyer. Luther durfte als Geächteter an den Verhandlungen auf Reichsebene nicht teilnehmen, so daß Melanchthon die Rolle des Verhandlungsführers der Reformation übernehmen mußte. Diese herausragende Aufgabe wurde besonders auf dem Augsburger Reichstag 1530 sichtbar, aber auch auf den Reichstagen 1540/41 in Worms und in Regensburg. Reisen war zur damaligen Zeit – nicht nur durch räuberische Wegelagerer – keineswegs ungefährlich. Dies erfuhr Melanchthon auf der Reise nach Regensburg im März 1541 schmerzhaft am eige-

nen Leib: Sein Reisewagen stürzte um, er zog sich schlimme Verletzungen zu und war dadurch Zeit seines Lebens beim Schreiben behindert.
Auf den Reichstagen standen vor allem die Verhandlungen mit den katholischen Theologen im Vordergrund. Melanchthon bemühte sich intensiv, die evangelische Lehre verständlich zu machen und zugleich um die Einheit der Kirche zu kämpfen. Die Bemühungen blieben erfolglos, die Spannungen zwischen den Parteien wurden immer stärker. 1546/47 kam es sogar zum Krieg zwischen dem Kaiser und seinen katholischen Verbündeten auf der einen Seite und den evangelischen Fürsten und Städten auf der anderen Seite. Melanchthon und seine Familie mußten Wittenberg verlassen und waren mehrere Monate auf der Flucht – sicherlich die traurigste „Reise“ Melanchthons.
Auch unter den Evangelischen gab es unterschiedliche Meinungen zu bestimmten Themen, so daß Melanchthon mehrfach zu Religionsgesprächen reisen mußte. Bekannt ist beispielsweise das Religionsgespräch in Marburg, bei dem Melanchthon und Luther im Oktober 1530 den Schweizer Reformator Ulrich Zwingli trafen. Während man auf vielen Gebieten Übereinstimmung erzielte, etwa bei der Taufe oder der Beichte, blieb das Verständnis des Abendmahls, also die Frage, ob Christus real oder symbolisch in Wein und Brot anwesend ist, offen. Vor allem wegen dieses Streitpunkts entwickelten sich später reformierte und lutherische Kirchen. Andere Auseinandersetzungen mußte Melanchthon mit eigenen Schülern ausfechten, die ihm Verrat an der wahren Lehre Luthers vorwarfen: Melanchthon habe Zugeständnisse gemacht, etwa daß ein evangelischer Pfarrer einen Chorrock tragen dürfe. Melanchthon hingegen hielt solche Fragen für äußerlich und nebensächlich. Doch seine innerprotestantischen Widersacher schätzten jeden Kompromiß als Verrat und Rückkehr zum Papsttum ein.

Abschied

Philipp Melanchthon,
Lucas Cranach d. J.,
Holzschnitt 1560

Dieser Holzschnitt von Lucas Cranach dem Jüngeren zeigt den alten Melanchthon in beeindruckender, ja fast erschreckender Weise. Ein alter Mann schaut uns an, dessen Mund und Augen noch Energie ausstrahlen, dessen ruhiges Angesicht aber von trauriger Müdigkeit erfüllt ist. Kurz vor dem Tod Melanchthons ist diese Darstellung entstanden.

63 Jahre alt ist Melanchthon geworden, für ihn und für die europäische Geschichte eine dramatische Zeitspanne: An die Stelle der einen, alles umspannenden Kirche des Mittelalters traten verschiedene Konfessionen. Diese Entwicklung war durch den Augsburger Religionsfrieden von 1555 besiegelt worden. Trotzdem fürchtete Melanchthon den Aus-

bruch grausamer Kriege, da seine Bemühungen um die Einheit der Kirche ohne Erfolg geblieben waren. Was Krieg bedeutet, wußte Melanchthon schon von Kindheit an durch das Schicksal seines Vaters. Die Millionen Toten der späteren Religionskriege sollten Melanchthons Befürchtungen Recht geben. Sein Gesicht ist von tiefer Trauer gezeichnet. Nicht nur die Einheit der Kirche ist zerbrochen, sondern auch die Gemeinsamkeit der Evangelischen ist gefährdet. Überall herrscht Streit, der den Frieden aufs Spiel setzt.

Oft fühlte sich Melanchthon sehr niedergeschlagen. Zu Hause war es einsam um ihn geworden. Seine Frau, mit der er 37 Jahre lang verheiratet war, war mit 60 Jahren gestorben, drei Jahre vor ihm. Häufig kamen die Erinnerungen an die gemeinsame Zeit: „Im Alter hört die Sehnsucht nach der verlorenen Gattin nicht auf wie bei den Jungen, die sich in immer neue Liebesabenteuer stürzen. Täglich, wenn ich meine Enkel und Enkelinnen sehe, denke ich nicht ohne Seufzen an ihre Großmutter. Der Schmerz bricht wieder auf, wenn ich daran denke, daß ich, meine Familie und die Enkel ihrer beraubt sind. Denn meine Frau sorgte für die gesamte Familie, erzog die Kinder, heilte die Kranken, linderte durch ihre Worte mein Leid und lehrte die kleinen Kindern Gebete. Deshalb vermisse ich sie jetzt in vielen Dingen." Freude brachten die Kinder seiner Tochter Magdalene, die mit ihrer Familie bei Melanchthon wohnte und den Witwer versorgte.

Unverändert kamen viele Studenten in Melanchthons Vorlesungen, um von ihm zu lernen. In seinen letzten Lebensjahren beschäftigte er sich besonders intensiv mit Weltgeschichte und schrieb an einem gewaltigen Geschichtswerk, das von Adam und Eva bis in die Gegenwart reichen sollte. Bis zu Karl dem Großen kam Melanchthon noch, dann mußte Kaspar Peucer nach dem Tod seines Schwiegervaters die Fortsetzung für die restlichen 700 Jahre verfassen.

Die entscheidende Persönlichkeit in Melanchthons Leben war ohne Zweifel Martin Luther. Von Luther, so schrieb Melanchthon selbst, habe er das Evangelium gelernt. Luthers Einfluß führte ihn zur Bibel, zum evangelischen Glauben, zur Theologie. Beide, Luther und Melanchthon, waren sehr unterschiedlich: Luther, kräftig, korpulent, polternd, Melanchthon, sensibel, leicht verletzbar, zart gebaut. Luther ärgerte sich bisweilen über die Vorsichtigkeit seines um

14 Jahre jüngeren Kollegen, während Melanchthon manchmal unter der groben, aggressiven Art Luthers litt. Trotzdem schätzten sie sich sehr und wußten jeweils um die Vorzüge und Stärken des anderen.
Melanchthon starb am 19. April 1560 in seinem Haus in Wittenberg. Von einer Reise wenige Wochen zuvor nach Leipzig, wo er eine Prüfung abnahm, brachte er eine fiebrige Erkältung mit, da unterwegs ein eisiger Wind tobte. Die Todesnachricht löste große Trauer in Wittenberg und im ganzen protestantischen Deutschland aus. In Trauerreden und Gedichten beklagten Freunde, Gelehrte und Schüler den Tod des von ihnen verehrten Mannes. Vielen schien Melanchthons Tod zugleich das Ende eines Zeitalters zu sein.
In der Wittenberger Schloßkirche liegt er neben Luther begraben.

Grab Philipp Melanchthons in der Wittenberger Schloßkirche

Melanchthon – noch aktuell?

Trotz einer Fülle von wissenschaftlichen Büchern und Aufsätzen sind Leben und Werk Melanchthons bis heute wenig bekannt. Die Schwierigkeiten im Umgang mit ihm zeigt ein Beispiel aus dem 19. Jahrhundert: Für 1860, also zum 300. Todestag, plante man in Wittenberg die Errichtung eines Melanchthondenkmals. Doch wo sollte man es aufstellen? Fast 40 Jahre zuvor – 1821 – war auf dem Wittenberger Marktplatz das berühmte Lutherdenkmal aufgestellt worden. Melanchthon neben Luther zu stellen schien manchen eine – wörtlich – „Versündigung an Luthers Größe" zu bedeuten. Melanchthons Platz sei zudem nicht die Öffentlichkeit des Marktplatzes neben dem mächtigen Luther, sondern die Stille der Schule und des Hörsaals, so daß ein etwas abgelegener Ort am Gymnasium vorgeschlagen wurde: Melanchthon, der Schulmann, der weithin bekannte Verfasser von Lehrbüchern, Kommentaren und Grammatiken, der schon zu Lebzeiten gepriesene „Praeceptor Germaniae". Die Gegenpartei – der Streit wurde übrigens im „Christlichen Kunstblatt für Kirche, Schule und Haus" in den Jahrgängen

Standbild Philipp Melanchthons auf dem Wittenberger Marktplatz, Friedrich Drake, Bronze 1860

1859 und 1860 ausgefochten – plädierte für die Darstellung des Kirchenmanns und Reformators Melanchthon, dessen Wirksamkeit öffentlich und neben Luther mit eigener Akzentsetzung für die Sache der Reformation wesentlich gewesen sei. Das Ergebnis der Debatte ist bekannt: Das Melanchthondenkmal steht bis heute auf dem Wittenberger Marktplatz unweit von der Lutherstatue; das Standbild, entworfen von dem Bildhauer Friedrich Drake aus Berlin, zeigt ausschließlich den Theologen Melanchthon, der das Augsburger Bekenntnis in der Rechten trägt, während die Linke auf die Brust gelegt ist, zusammen mit dem nach oben gerichteten Haupt eine Geste des Gebets.

Bretten, die Stadt, in der Melanchthon am 16. Februar 1497 geboren wurde, hat bei den Denkmalsinszenierungen ihres größten Sohnes salomonische Weisheit bewiesen: Ein Melanchthon steht vor dem Schulhaus – vor der Hebel-Schule gegenüber dem Melanchthon-Gymnasium, übrigens eine Kopie des Wittenberger Denkmals –, ein zweiter Melanchthon steht vor der Stiftskirche und das Melanchthonhaus liegt am Marktplatz: Der Schulmann und der Theologe, der Gelehrte der stillen Stube und der Mann der öffentlichen Rede sind einträchtig beisammen – zumindest in Bretten.

Beeindruckend ist die Vielfalt von Melanchthons Wirken: Universitätsprofessor für Griechisch und Theologie, der aber auch über Rhetorik, Geographie, Astronomie, Logik und vieles mehr Vorlesungen hielt; Melanchthon, der Reformator, der die erste evangelische Dogmatik schrieb, die „Loci communes“ von 1521, und die wichtigste Bekenntnisschrift der protestantischen Kirche abfaßte, das „Augsburger Glaubensbekenntnis“ von 1530, Melanchthon, der öffentlich und politisch Agierende und auf zahlreichen Religionsgesprächen und Reichstagen Verhandlungen führte, und Melanchthon, der „Praeceptor Germaniae“, der Lehrer Deutschlands, der durch eine Vielzahl von Universitäts- und Schulordnungen, von Schulbüchern, Grammatiken und Kommentaren das protestantische Schulsystem geschaffen und mit der protestantischen Lateinschule einen Schultyp begründet hat, der über die Grenzen der Konfessionen hinaus vorbildlich geworden ist.

Seine Lehrbücher zu den verschiedenen Wissensgebieten sind natürlich veraltet; damals wurden sie in ganz Deutschland gelesen, in Sachsen übrigens seine grammatischen

Lehrbücher bis 1734 an den „Gelehrten Schulen". Veraltet aber ist nicht sein Bildungsverständnis, sein grundsätzlicher Ansatz, wozu man beispielsweise all die Mühen des Grammatikunterrichts, die Anstrengungen des Latein- und Griechischunterrichts auf sich nehmen soll. Nicht nur der Theologe oder der Wissenschaftler, jeder handelnde Mensch braucht Sprache, soll mit der Sprache verantwortungsvoll und differenziert umgehen. Darauf hat Melanchthon immer wieder hingewiesen und hat deshalb auch immer die Anfänger an der Universität unterrichtet: erst die Sprache lernen, genau wissen, was dies und das bedeutet: das fördert das präzise Denken und schützt vor nebulösem Geschwätz, vor nichtssagenden Sprechblasen. Spracharmut ist Denkarmut. Melanchthons Bildungsideal ist heute nicht weniger gefragt: Wo der allgemeine Wortschatz immer kleiner wird, werden auch die Möglichkeiten des präzisen Ausdruckes, der exakten Kommunikation immer geringer. Melanchthons Forderung, einen bewußten und verantwortlichen Umgang mit der Sprache zu pflegen, könnte hier ein wichtiger Denkanstoß sein.
Das Stichwort „Politik" nennt einen Aspekt, der selten mit der Persönlichkeit Melanchthons verknüpft wird. Melanchthon, der als humanistischer Universitätsprofessor und als Reformator bekannt ist, war darüber hinaus ein ungemein wacher Zeitgenosse, politisch interessiert und aktiv, der sich nicht in seine Gelehrtenstube zurückzog, sondern gelehrte Existenz und politische Wirksamkeit verband. Melanchthons unermüdlicher Einsatz zeigt, daß auch ein Gelehrter sich nicht vornehm dem Engagement für Staat und Gesellschaft entziehen darf, daß nicht eine etwa beruflich verengte Perspektive vorherrschen darf, sondern der Blick auf das Ganze und Verantwortung für das Ganze notwendig sind. Melanchthon war ein Konsenspolitiker, versuchte in ständigen Verhandlungen Kompromisse zu erzielen und, wenn nötig, theologische Differenzen nicht bis in die letzten Einzelheiten auszudiskutieren, sondern eine Praxis gegenseitiger Duldung vorzuschlagen. Viele warfen und werfen Melanchthon deshalb vor, ein Kompromißler, eine Leisetreter gewesen zu sein. Unsere Zeit dagegen schätzt Kompromißfähigkeit und Dialogbereitschaft allerdings hoch ein. Diese Dialogbereitschaft war bei Melanchthon von der Sorge um den politischen Frieden und um die Einheit der

Kirche bestimmt. Erst die Nachkriegszeit hat diesen Melanchthon entdeckt; zu Recht wird ihm der Ehrentitel „größte ökumenische Gestalt der Reformationszeit“ verliehen. Vor allem das von Melanchthon verfaßte Augsburgische Glaubensbekenntnis von 1530, die „Confessio Augustana“, wird heute als eine ganz entscheidende Grundlage für das evangelisch-katholische Gespräch gewürdigt. So mußten 400 Jahre verstreichen, bis im Zeichen der Ökumene der Versuch Melanchthons, ein Gespräch zu führen und Aussöhnung ehrlich zu erreichen, wiederum unternommen wird.

Lebensdaten

1497	Am 16. Februar wird Philipp als Sohn des Waffenschmieds Georg Schwartzerdt und seiner Frau Barbara in Bretten geboren
1508	Vater und Großvater sterben im gleichen Monat (Oktober) Philipp kommt auf die Lateinschule in Pforzheim und erhält von seinem Großonkel den griechischen Humanistennamen Melanchthon = Schwarze Erde
1509	Philipp studiert in Heidelberg
1512	Er wechselt nach Tübingen
1514	Er legt die Magisterprüfung ab und wird Universitätslehrer
1518	Mit 21 Jahren wird er als Griechischprofessor an die Universität Wittenberg berufen; die Freundschaft mit Luther beginnt
152o	Melanchthon heiratet Katharina Krapp
1521	Er schreibt die erste evangelische Glaubenslehre, die „Loci communes“

1522 Die älteste Tochter Anna wird geboren

1525 Der älteste Sohn Philipp kommt zur Welt

1526 Der zweite Sohn Georg wird geboren; er stirbt dreijährig

1528 Melanchthon wirkt maßgeblich bei der Neuordnung des kursächsischen Schulwesens mit

1530 Er schreibt die „Confessio Augustana" für den Augsburger Reichstag

1531 Tochter Magdalena wird geboren

1546 Luther stirbt; im gleichen Jahr kommt es zum Krieg zwischen dem Kaiser und protestantischen Fürsten; die Familie Melanchthon muß für einige Monate aus Wittenberg fliehen

1548/60 In dieser Zeit überschatten Angriffe streng lutherischer Theologen das Leben Melanchthons; sie verurteilen seine Bemühungen um Annäherung der Konfessionen

1555 Der Augsburger Religionsfrieden legt die politische Gleichwertigkeit der katholischen und evangelischen Kirche im Reich fest (Cuius regio eius religio = Wem das Gebiet gehört, der bestimmt die Religion)

1557 Melanchthon reist zum Religionsgespräch nach Worms; in dieser Zeit stirbt seine Frau Katharina

1560 Er stirbt am 19. April und wird in der Schloßkirche in Wittenberg neben Luther begraben

Literaturhinweise

Biographische Gesamtdarstellungen:
Heinz Scheible, Philipp Melanchthon. Eine Gestalt der Reformationszeit, herausgegeben von der Landesbildstelle Baden und dem Melanchthonhaus Bretten, Karlsruhe 1995.
Heinz Scheible, Philipp Melanchthon, in: Theologische Realenzyklopädie, Bd. 22 (1992), S. 371–410 (mit ausführlichen Angaben der Forschungsliteratur).
Hans-Rüdiger Schwab, Philipp Melanchthon: Der Lehrer Deutschlands (Leben – Werk – Wirkung), München 1997.
Robert Stupperich, Melanchthon, Berlin 1960 (= Sammlung Göschen 1190).

Übersetzungen:
Philipp Melanchthon, Glaube und Bildung. Texte zum christlichen Humanismus, herausgegeben von Günter R. Schmidt, Stuttgart 1989.
Philipp Melanchthon, Loci communes 1521, übersetzt von Horst Georg Pöhlmann, Gütersloh 1993.
Melanchthon deutsch, 2 Bände, herausgegeben von Michael Beyer, Stefan Rhein, Günther Wartenberg, Leipzig 1997.

Kinderbuch:
Philipp Melanchthon. Sein Leben in Bildern und Geschichten, verfaßt von Friederike Bachmeier-Schnitzler u. a., Lahr 1997.

Literatur zu den Buchkapiteln:

Einführung:
Bernd Moeller, Deutschland im Zeitalter der Reformation, Göttingen 1988.
Heinrich Lutz, Das Ringen um deutsche Einheit und kirchliche Erneuerung. Von Maximilian I. bis zum Westfälischen Frieden, 1490 bis 1648, Berlin 1983 (= Propyläen Geschichte Deutschlands, Bd. 4).
Heinz Schilling, Aufbruch und Krise. Deutschland 1517–1648, Berlin 1988.
Robert Stupperich, Die Reformation in Deutschland, Gütersloh 1988.

Kindheit, Schulzeit und Studium:
Alfons Schäfer, Geschichte der Stadt Bretten von den Anfängen bis zur Zerstörung 1689, Bretten 1977.
Heinz Scheible, Philipp Melanchthon (1497-1560). Melanchthons Werdegang, in: Humanismus im deutschen Südwesten, herausgegeben von Paul Gerhard Schmidt, Sigmaringen 1993, S. 221–238.
Heinz Scheible, Melanchthons Pforzheimer Schulzeit. Studien zur humanistischen Bildungselite, in: Pforzheim in der frühen Neuzeit, herausgegeben von Hans-Peter Becht, Sigmaringen 1989, S. 9–50.
Stefan Rhein, Johannes Reuchlin (1455–1522). Ein deutscher „uomo universale", in: Humanismus im deutschen Südwesten, S. 59–75.
Philipp Melanchthon in Südwestdeutschland. Bildungsstationen eines Reformators, herausgegeben von Stefan Rhein u. a., Karlsruhe 1997.

Professor in Wittenberg:
Helmar Junghans, Martin Luther und Wittenberg, München 1996.
Ingetraut Ludolphy, Friedrich der Weise, Kurfürst von Sachsen, Göttingen 1984.

Philipp Melanchthon und Martin Luther:
Kurt Aland, Die Reformatoren. Luther, Melanchthon, Zwingli, Calvin, Gütersloh 1986.
Martin Brecht, Martin Luther, 3 Bände, Stuttgart 1994.
Heinz Scheible, Luther und Melanchthon, in: Heinz Scheible, Melanchthon und die Reformation, Mainz 1996, S. 139–152 (in diesem Sammelband sind auch die übrigen in den Literaturhinweisen genannten Aufsätze von Heinz Scheible abgedruckt).

Die Bibel für alle:
Hans Volz, Melanchthons Anteil an der Lutherbibel, in: Archiv für Reformationsgeschichte 45 (1954), S.196–233.

Bei Melanchthon zu Hause:
Stefan Rhein, Katharina Melanchthon, geb. Krapp. Ein Wittenberger Frauenschicksal der Reformationszeit, in: 700 Jahre Wittenberg. Stadt – Universität – Reformation, herausgegeben von Stefan Oehmig, Weimar 1995, S. 501–518.

Der Theologe Melanchthon:
Bengt Hägglund, Geschichte der Theologie. Ein Abriß, München 1983, S. 192–198.
Martin H. Jung, Ich rufe zu Dir. Melanchthons Gebete, Frankfurt/Main 1996.
Wilhelm Maurer, Der junge Melanchthon, Göttingen 1996.
Reformatorische Verkündigung und Lebensordnung, herausgegeben von Robert Stupperich, Bremen 1963.

Augsburger Reichstag:
Helmar Junghans, Reformation in Augenzeugenberichten, Düsseldorf 1967.
Übersetzung des Augsburger Bekenntnisses in: Unser Glaube, herausgegeben von Horst Georg Pöhlmann, Gütersloh 1991, S. 53–119.

Der Lehrer Deutschlands:
Philipp Melanchthon, Praeceptor Germaniae, herausgegeben von der Landeszentrale fiir Politische Bildung Baden-Württemberg, Vaihingen 1989 (Neudruck 1996).
Karl Hartfelder, Philipp Melanchthon als Praeceptor Germaniae, Berlin 1889 (Neudruck Nieuwkoop 1972).
Hermann-Adolf Stempel, Melanchthons pädagogisches Wirken, Bielefeld 1979.
Günter R. Schmidt, Philippus Melanchthon, in: Klassiker der Religionspädagogik, herausgegeben von Henning Schroer, Frankfurt/Main 1989, S. 23–34.

Melanchthon auf Reisen:
Die Religionsgespräche der Reformationszeit, herausgegeben von Gerhard Müller, Gütersloh 1980.
Heinz Scheible Melanchthons Auseinandersetzung mit dem Reformkatholizismus, in: Vermittlungsversuche auf dem Augsburger Reichstag 1530, herausgegeben von Rolf Decot, Stuttgart 1989, S. 68–90.

Melanchthon – noch aktuell?:
Podiumsdiskussion in: Melanchthonpreis. Beiträge zur ersten Verleihung 1988, herausgegeben von Stefan Rhein, Sigmaringen 1988, S. 47–58.